语文素养和
语文教师的素养

王意如 著

文汇出版社

序

于漪

语文教学中难题重重,这已是不争的事实。如何化解难题,寻找克服困难的途径与方法,以有效提高语文教学质量,也是众说纷纭,各执一辞。许多从事教学实践的教师常处于惶恐不安与万般无奈之中,前行的步履十分艰难。他们衷心期盼从事理论研究的高校老师眼睛向下,深入教学第一线,倾听从教者的心声,了解语文课堂教学的利弊得失,提出具体、中肯的批评和意见,指引改进的方向与措施。

《语文素养和语文教师的素养》这本书就是王意如老师广泛接触中学语文教师、长期从事教师教育,把发现的一些带有普遍意义的问题提升到一定的理论高度加以阐述的产物。观点清晰,材料鲜活生动,贴近基础教育的教情、学情,给人以启迪。纵观全书,有以下几个特点:

一是内容比较丰富,理论框架比较完整。

本书对语文、语文素养和语文教师的素养进行了较为全面的论述。这些概念对语文教育工作者而言,可说是耳熟能详,但认真从理论上作梳理,理清这些概念之间的关系,并由此构建起语文素养和语文教师的素养的综合坐标体系则比较罕见。而这正是本书的着力之处。这一坐标体系的建立,对于语文教师的专业成长无疑是有裨益的。

二是理论研究和实际操作结合得比较紧密。

语文教师须有理论修养,本书由此致力于一些理论问题的探讨。但绝非就理论谈理论,而是注意联系实际,落到实处。书中的课堂教学实例、教研活动实例均来自第一线,所举文本,大多为当今各种版本的语文教科书所选用的,或是为语文课程标准所推荐的课外读物,这就让理论阐述具有坚实的基础。这样注重理论与实际结合的探讨,对教学第一线执教老师的教学与科研定会有所启发。

三是开放性的构架和独立见解并存。

本书涉及语文教育的诸多问题,不可能一一全部给出结论性的阐述。其中有一些,作者只是把相关的讨论呈现给读者,以引发同行进一步的思考与研究。也就是崇尚开放,希望能"一石激起千层浪"。其中有一些问题,作者则旗帜鲜明地提出了个人的观点,表达自己独有的见解。比如,关于"好课"的标准,作者认为不能只看教学目标是否达成,教学环节是否流畅,课堂气氛是否活跃,关键要看学生是否在心智上有所成长和提高。又比如,关于文学作品,作者认为不仅要关注"写什么",更应关注"怎么写",形式在某种程度会对内容产生巨大影响。再如,时下热议的要不要让学生读蒙学教材,等等。有些观点可能不一定所有人都能接受,但却是作者深思熟虑的结果,是对于语文教育问题的有意义的研究和探索。

本书既不是单纯从高校课程与教学论或文学研究的角度来谈语文教育问题,也不是指导实际教学的操作性样张,而是将以上几个学科的相关研究结合起来,真正地就语文论语文。就这一点而言,是非常有特色的。

希望这本书受到广大语文教师的关注与欢迎。

2011 年 5 月 30 日

目 录

序 ·· 于 漪 1

第一编 语文素养

第一章 什么是语文 ·· 003
第一节 语文的定义 ·· 003
一、语文的来历 ·· 003
二、语文是个可以多重两分的复合概念 ············ 005
三、语文是对语言文字的学习 ························ 008
第二节 语文和语文课程 ·································· 011
一、政策文件 ·· 011
二、课程设置 ·· 013
三、教材编写 ·· 019
四、课程内容 ·· 021
五、教学方式 ·· 029
六、教育评价 ·· 033

第二章 什么是语文素养 ···································· 038
第一节 口头语言的接受能力 ·························· 038
一、完成信号转换,建立基本的沟通渠道 ········· 039

二、准确捕捉口头语言所发出的信息 …………… 040
　　三、领会言外之意，作出正确反应 ……………… 041
　第二节　口头语言的表达能力 …………………… 044
　　一、口头语言表达的要求 ………………………… 044
　　二、口头语言表达的种类 ………………………… 046
　第三节　书面语言的接受能力 …………………… 049
　　一、接受文字符号 ………………………………… 050
　　二、接受由文字符号组成的文件 ………………… 052
　第四节　书面语言的表达能力 …………………… 081
　　一、书写能力 ……………………………………… 081
　　二、一般文字表达 ………………………………… 087
　　三、特殊文字表达 ………………………………… 087

第二编　语文教师的素养

第一章　语文教师的理论修为 ……………………… 093
　第一节　理论修为的意义 ………………………… 093
　　一、理论是一种知识储备 ………………………… 093
　　二、理论是教学行为的理性支点 ………………… 095
　第二节　理论修为的方法 ………………………… 097
　　一、积累 …………………………………………… 097
　　二、思考 …………………………………………… 098
　　三、学习 …………………………………………… 100

第二章　语文教师的科研能力 ……………………… 103
　第一节　教学科研的基本内容 …………………… 106

一、宏观教学层面 …………………………… 106
　　二、听说读写训练 …………………………… 107
　　三、文章体裁 ………………………………… 109
　　四、思维训练 ………………………………… 110
　　五、审美教育 ………………………………… 111
　　六、现代教育技术和流行文化 ……………… 112
　　七、特殊性 …………………………………… 114
　　八、测试与评估 ……………………………… 116
　　九、教师发展和教材编写 …………………… 117
　　十、其他 ……………………………………… 117
　第二节　教学科研的基本方法 ………………… 118
　　一、数据统计法 ……………………………… 118
　　二、比较研究法 ……………………………… 119
　　三、调查研究法 ……………………………… 120
　　四、经验总结法 ……………………………… 123
　　五、理论研究法 ……………………………… 124
　　六、反思实验法 ……………………………… 125
　　七、行动研究法 ……………………………… 126
　　八、案例研究法 ……………………………… 127
　第三节　教学科研的基本能力 ………………… 129
　　一、发现问题的能力 ………………………… 129
　　二、搜集材料的能力 ………………………… 134
　　三、逻辑思维的能力 ………………………… 136

第三章　语文教师的教学水平 …………………… 138
　第一节　实践和理论的关系 …………………… 138

一、理论来源于实践 …………………………… 138
　　二、理论指导实践 ……………………………… 139
　第二节　教学水平的体现 ……………………………… 140
　　一、正确的教育理念 …………………………… 140
　　二、过硬的教学基本功 ………………………… 151
　　三、独特的教学风格 …………………………… 159

第四章　语文教师的文学品质 …………………………… 161
　第一节　文学品质的必要性 …………………………… 161
　　一、文学是什么 ………………………………… 161
　　二、文学与语文教育 …………………………… 169
　第二节　文学品质的具体表现 ………………………… 176
　　一、文学情感 …………………………………… 176
　　二、文学鉴赏能力 ……………………………… 179
　第三节　教科研习用文体的写作 ……………………… 209
　　一、开题报告 …………………………………… 212
　　二、实验报告 …………………………………… 217
　　三、调查报告 …………………………………… 218
　　四、专题论文 …………………………………… 218

结　　语 ………………………………………………… 229
参考书目 ………………………………………………… 231

第一编　语文素养

第一章 什么是语文

第一节 语文的定义

自孔夫子一路而下,"必也正名乎"总是我们思考问题的第一步。现代科学研究更是如此,概念的内涵和外延永远是我们讨论问题的前提和基础。

这些年来,语文颇有些"鸡肋"的味道——说它不重要吧,它俨然端居三大主课之首;说它重要吧,它又总被其他一些课程挤对着,有些高校自主招生则干脆把它拒之门外。语文到底是什么?它重要吗?我们希望从头开始做一个粗疏的梳理。

一、语文的来历

就像一切生灵一样,语文也有它诞生、成长的过程。我们往前倒溯,不是要知道它出身有多高贵,而是想弄清楚,它究竟是谁家的孩子。这不仅便于日后的认祖归宗,也有助于它的健康成长。

如果从废除科举后的新学堂开始算起,那么,它的第一个名字,是叫"国文"(国语)。

国文(国语)

1912年,中华民国教育部在新课堂中设立"国文"科,这是唯一保留的教授中国传统文化的科目，主要学习传统典籍。"国文"科的前身，是1903年清政府颁布的《奏定学堂章程》中的"中国文学"科；而"中国文学"科的前身，则是1902年清政府颁布的《钦定学堂章程》中的"词章"科。

五四以后，提倡白话文，反对文言文，学习传统经典的国文课受到了冲击。1921年，教育部改小学"国文"科为"国语"科，主要偏向语言的学习。中学仍为"国文"科，形成"国文"和"国语"并列的局面。

语文

20世纪30年代后期，叶圣陶、夏丏尊二人提出了"语文"的概念，并尝试编写新的语文教材。

1948年8月，时任华北人民政府教育部教科书编审委员会主任的叶圣陶，起草课程标准，开始在初中、高中使用"语文"这个学科名称。初、高中语文教材的编者在"编辑大意"中说："说出来是语言，写出来是文章，文章依据语言，'语'和'文'是分不开的。语文教学应该包括听话、说话、阅读、写作四项。因此，这套课本不再用'国文'或'国语'的旧名称，改称'语文课本'。"

1949年，叶圣陶再次提出将"国语"和"国文"合二为一，改称"语文"。这一建议被华北政府教育机关采纳，华北人民政府教科书编审委员会选用中小学课本之时合称"语文"。随后推向全国。

梳理语文科的来历，我们不难看出，它是原来"国文"的延续，或者，更准确地说，是"国文"和"国语"的合并。这就为以后语文概念的两分打下了基础。

二、语文是个可以多重两分的复合概念

语文是什么,这个问题从来也没有过定论。《语文学习》2004年第4期专门开辟"语文是什么"争鸣专栏,进行讨论,当然,也仍是各抒己见。在关于"语文是什么"的讨论中,有一个基本倾向,就是都把语文看作是一个两分的概念,至于分成哪两部分,又各各不同。大体来说,有以下几种分法:

（一）语言和文章

这是顺着语文的来历推理出来的。"国语",主要是指语言;而"国文"倒溯上去的话:"国文"→"中国文学"→"词章",所以,"国文"就是"词章"。后来含混其词的"中国文学"的"文学",应该不是 literature,而是类似孔门四科中的"文学",其内涵还是"词章",也就是古代文献[①]。如果之后,古代文献不再专指孔子所传的《诗》《书》《易》等,那么,"词章"就是一般意义上的文章。

（二）语言和文字

王力《在中学语文教材改革第三次座谈会上的发言》中说:

> 我们这语文课到底是语言文字还是语文文学呢？好象多数人的了解应当是语言文学。可是照我的理解,应该是语言文字。[②]

可是在《漫谈中学语文教育》中,他又说:

[①] 参见杨伯峻.论语译注[M]P110 北京.中华书局.1980
[②] 王力论语文教育[M]P279 郑州.河南教育出版社.1996

"语文"这个词有两种意义：一个是"语言文字"，另一个是"语言文学"。我想中学的语文课大概是指的"语言文学"。1956年中学语文分科，就分为"汉语"和"文学"。①

王力先生自相矛盾的说法，其实倒是清晰地表现了他对语文的理解：即从一个语言研究专家的角度来说，他觉得语文应是语言文字；但他又看到多数人认为语文是语言文学，于是觉得在中学的语文课大概是语言文学。

张志公《传统语文教育教材论》也说："语文这门学问主要是语言文字之学。②"

王尚文在《语文是什么》的演讲中也说，语文就是语言文字的理解和运用。语文教育解决的是汉语言文字的理解和运用，而不是别的。

作为文化批评家的张闳③更在《新语文："语言文字"还是"语言文学"?》一文中明确辨析说：

"语文"究竟是"语言文字"还是"语言文学"？一字之差，意义却完全不同。

语文课首先应该是语言技能教育，训练学生的语言文字的运用技能。

文学教育则应该是另一门专门的课程的任务。④

(三) 语言和文学

王力先生说过，1956年实行汉语文学分科教学，教育

---

① 王力论语文教育[M]P289 郑州．河南教育出版社．1996
② 张志公．传统语文教育教材论[M]P149 上海教育出版社．1992
③ 张闳，上海同济大学文化批评研究所教授兼所长，新生代批评家代表人物。
④ 东方．2003年第9期

部颁布初高中《文学教学大纲（草案）》和《初级中学汉语教学大纲（草案）》，说明语文是语言和文学的复合体。

《语文教研》2003年第6期也发表了《语文就是语言和文学》的署名文章。

还有人提出过语文就是语言和文化的说法，但影响不如上述几者大。

凡此种种，对语文中"语"即"语言"都没有异议，只是在"文"上有了"文章""文字""文学"甚至"文化"的分歧。还有人在文章的基础上再作"文学"与"实用文章"之分[①]，看似"一语双文"，三足鼎立，从大的层面来说，仍是两分的。

（四）口头语言和书面语言

在阐述"语文"这一概念时，比较权威的自然是叶圣陶先生的定义：

> 什么叫语文？平常说的话叫口头语言，写到纸面上叫书面语言。语就是口头语言，文就是书面语言。把口头语言和书面语言连在一起说，就叫语文。[②]

这个论断把"语言"的概念覆盖到了全部（而不是上面所说的一半），再把它分解为口头的和书面的。而"书面语言"这个概念是可以涵盖"文章"和"文学"的。

（五）工具性和人文性的统一

中华人民共和国教育部颁布的《语文课程标准》（实验稿）对语文课程的性质下了这样的定义：

> 语文是最重要的交际工具，是人类文化的重要组

---

① 参见曾详芹文选[M]北京．高等教育出版社．2010
② 叶圣陶．认真学习语文．叶圣陶教育文集[M]卷三 P183 北京．人民教育出版社．1994

成部分。工具性和人文性的统一,是语文课程的基本特点。

从使用功能来说,它是工具;从承载内容来说,它是文化。

课标试图避免从字面的两分来解释语文,而是从课程性质为语文定性,高屋建瓴。但对于包含在"语文"一词中的"语言""文学""文字"诸因素还是没有明确的阐述。

三、语文是对语言文字的学习

究竟什么是语文,虽然众说纷纭,但都定位于一个两分的概念,因此造成了种种分歧。要弄清语文是什么,不妨先撇开两分的思维定势,从学科本身的概念出发来做一番考察。所谓"学科",在我们所讨论的范畴内有两个意义:一是按照学问的性质而划分的门类,一是学校教学的科目[①]。

前者指的是学术的分类,也就是一定科学领域或一门科学的分支。那么语文是否能跻身其间呢?我们从语文的上一个层级开始考察。

时至今日,大概不会有人否认教育是一门科学,在教育部的学科分类中,"教育学"也早已荣列一级学科,各地方的行政部门也设有专门的机构来管理教育科研。但是,如果稍微细致一点,却会发现,教育科研,尤其是我们的学科教育还是边缘化的。在教育学的二级学科中,包括了教育学原理、课程与教学论、教育史、比较教育学、学前教育学、高等教育学、成人教育学、职业技术教育学、特殊教育学、教育技术学等种种门类,却就是没有学科教育学。没有学科教

---

① 汉语大词典 4[Z] P246 上海. 汉语大词典出版社. 1995.11

育学,语文学科教育就无从谈起。

如果换一个角度,从中国语言文学的门类去看,情况同样如此。我们可以毫不费力地找到"语言学"和"文学",也可以在"中国语言文学"的统领下找到"文艺学""语言学及应用语言学""汉语言文字学""中国古代文学""中国现当代文学"等,但却无法为"语文"找到它的位置。

语文之所以还没有得到它应有的地位,与它本身的综合性特征有很大关系。

就语文而言,它兼具中国语言文学和教育学两个学科的内容和形式特点,在以培养中小学教师为己任的师范大学内,语文老师的培养放在中国语言文学系,而不是"语文系"。"语文"和"中国语言文学"虽然有非常密切的关系,但却是不能等同的。大学生往往是在修完中国语言文学课的同时再修几门教育学的课,就算是可以出去当语文老师了。而事实上,在大学课堂内学到的学科知识要转变为中小学语文课上的教学内容,里面需要研究的东西实在是太多了。而这些东西,往往又因为打上了太深刻的中文学科的烙印而不能为一般教育学所覆盖。尽管如此,语文却正是由于如此这般的原因,至少到目前为止,还未能作为学科来确立。

如果取"学科"的第二个定义,即语文是一种教学的科目,是学校教学内容的基本单位,也就是我们通常所说的"课程",那么,它的定义就应该包括"教学"这一基本含义,而不仅仅是内容的概括。合理的表述应该是:语文是对语言文字的学习。

从语言的角度说,语文包括对口头语言和书面语言的学习,而以学习书面语言为主。因为"比较而言,口头语言是一种'民主'的语言媒介,而文字语言则是一种等级性的语言。一个人掌握的文字符号越多,等级越高,越可能建立更复杂、丰富、深刻的意义世界。而要想掌握更多、更高级的文字符号,最有效、最有保证的途径就是接受教育"①。

从文字的角度说,语文包括对文字符号本身的学习和对由文字符号组成的文件的学习,以学习由文字符号组成的文件为主。

对文字本身的学习基本只体现在低学段的识字教学中,之后的语文课虽然也涉及对字形、字音、字义的学习,但重点在于清除阅读障碍,而不在于对文字字形、字音、字义的理论性学习。

由文字符号组成的文件包括各种各类应用文,也包括文学作品,而以学习文学作品为主。从目前语文教科书选文的情况来看,基本是由文学作品组成的。这并非因为语文课要培养学生的文学创作能力,而是因为文学语言和日常的、科学的语言有很大区别,"日常语言不是一个统一的概念:它包括口头语言、商业用语、官方用语、宗教用语、学生用语等十分广泛的变体","日常用语也有表现情意的作用,不过表现的程度和方式不等";"科学语言趋向于使用类似数学或符号逻辑学(symboliclogic)那种标志系统"②,而文学语言较之于二者有更多精妙的表达,更适合用来学习。

这样来定义语文,涵盖了"语言""文字""文章""文学"等诸因素,也为我们探究语文教学中的文学教育奠定了基础。

---

① 高德胜.道德教育的时代遭遇[M]P39 北京.教育科学出版社 2008.6
② [美]勒内·韦勒克、奥斯汀·沃伦.文学理论[M] P12-13 南京.江苏教育出版社 2005.8

总之,语文是一门有百年历史的古老的学科。它伴随着人的最基本的交流活动而产生,而且一定会伴随着人类的活动而永存。近年有些高校在自主招生时不考语文,引起了人们的议论和担忧。这里且不去评论这种做法的是非得失,我们要指出的是:表面上的忽视有时恰恰是因为它太过强大、太过普遍的原因。就像空气一样,时常让人感觉不到它的存在,实际上,它却是绝对不可或缺的。

第二节 语文和语文课程

现代意义上的语文,是一门成熟的课程。它是一个体系,包含丰富的内容。从上至下而言,以下几个内容是必不可少的:

一、政策文件

一个国家,总会对教育中的相关课程作出一些规定,这些文件,是课程最上位的部分。

语文学科最上位的政策文件是语文教学大纲,也叫"课程标准"或"课程纲要",是由政府教育行政部门颁发的有关语文学科教学的指导性文件,是语文教师施教的重要凭借,也是编写和使用语文教材的总纲。

20世纪20年代出现的国语(中学叫"国文")课程纲要,应该是我国语文教育史上出现的第一个政策文件。

中华人民共和国成立后,先后颁布了8套相关的政策文件:

1. 1950年发行使用的初、高级中学两套语文课本中,有以中央人民政府出版总署编审局名义写的两个《编辑大意》，实际上起到了大纲的作用。

2. 1956年，教育部颁布初高中《文学教学大纲（草案）》和《初级中学汉语教学大纲（草案）》，这是中华人民共和国成立以后的第一套严格意义上的中学语文教学大纲。但它不是以"语文"的名义颁布的。

3. 1963年5月颁布《全日制中学语文教学大纲（草案）》。

4. 1978年颁发《全日制十年制学校中学语文教学大纲（试行草案）》。

5. 1986年国家教委颁布《义务教育全日制小学初级中学教学计划（初稿）》。

6. 1995年颁布《九年义务教育全日制初级中学语文教学大纲（试用）》。1996年配套颁布《全日制普通高级中学语文教学大纲（供试验用）》。

7. 1999年，教育部下发《九年义务教育全日制初级中学语文教学大纲（修订征求意见稿）》，2000年3月，"试用修订版"出版。同时配套的是《全日制普通高级中学语文教学大纲（试验修订版）》。

8. 2001年，教育部颁布《全日制义务教育语文课程标准（实验稿）》；2003年，颁布《普通高中语文课程标准》（实验）。

从教材的"编辑大意"，到"教学大纲"，再到"课程标准"，它的所指越来越广泛，其高屋建瓴的作用也越来越明显。

在课程标准的制定中，存在着两种不同的倾向。一种倾向于指导性，另一种倾向于操作性。2001年颁布的语文课程标准，基本上是倾向于指导性的，也因此而引起了一些批评，认为缺少量化的操作标准。

比如《上海市中小学语文课程标准(试行稿)》在教材编写实施意见中明确"文言课文(篇目),四至六年级约占课文总量的20%,七至九年级和高中基础型课程中约占40%"①,根据《上海市中小学语文课程标准(试行稿)》编写的《高级中学课本·语文(试用本)》(华东师范大学出版社出版,以下简称沪试用版)大致遵循了课程标准的意见,文言文比重为38.27%,接近40%。而教育部的《普通高中语文课程标准(实验)》并未对这一问题作出明确规定,根据《普通高中语文课程标准(实验)》编写的五套课标版教材的文言文比重就全不相同,甚至彼此间相差甚大。

指导性课程标准的最大优点,是给执行者留下了广阔的空间。尤其是在一个幅员辽阔、教育规模宏大、经济水平发展不平衡的国家,指导性的课程标准可能更加切合实际。

二、课程设置

语文本身是一门课程,但其内部仍存在课程设置的问题。比如,隶属于语文的阅读课、写作课、选修课等。这里面可以讨论的问题很多。比如:

阅读课的定义是什么?

语文课的主要学习内容是课本上的文章,主要学习方式是阅读,所以很难把语文课和阅读课截然分开。现在有些学校规定每周有一节(也有两周一节和一周两节的)阅读课,就是把学生带到图书馆,让他们自由阅读。这样,阅读

---

① 上海市教育委员会.上海市中小学语文课程标准(试行稿)[S]P45.上海教育出版社.2004(以后出自本课标的引文不再注)

课的概念实际上就是有别于语文课上集中学习一篇课文的自由阅读。书目是否指定（或划定范围），有无阅读方法的指导，基本由语文老师个人自由操作。由于阅读课缺少明确的概念定位和相应的教学内容、教学方法和评价方式，放弃阅读课、阅读课形同虚设和阅读课质量不高的情况普遍存在。

阅读是有规律可循，有方法可学的。从教育的角度说，不能满足于"读书百遍，其义自见""《文选》烂，秀才半"的经验主义阅读方法。20世纪50年代，阅读学已在国际上成为一门独立的学科，还专门成立了国际阅读学会（International Reading Association，简称 IRA）。80年代，我国部分高校正式开设阅读学课程[1]。也已经有教师从阅读本质论、阅读功能论、阅读主客体论、阅读类型论、阅读过程论、阅读材料选择论、阅读方法论、阅读环境论、文体阅读论、阅读能力培养论等10方面概括阅读教学的功能[2]。基础教育阶段的阅读课怎么上，完全可以借鉴这方面的成果，形成语文课程中有特色的一种课型。

语文课的阅读和写作是分还是合？

课改之后的语文教材多采用"读写混编"，即"写作部分的编写，多采取读写联系、以读促写的思路[3]"。比如语文出版社出版的教材，重点放在阅读上，根据阅读课文的内容和表达，随机地引出写作内容。就教材编写的意图来说，阅

---

[1] 参见孟繁兵.我国阅读学理论研究的课程化进程及其制约因素[C]山东师范大学学报（人文社会科学版）2005年第4期 P158

[2] 陈黎明.高师语文教学论[M] P322-327.青岛海洋大学出版社.1999.6

[3] 方智范.语文教材编制的呈现方式与编辑设计[A]在讲台上思考语文 P13.上海.华东师范大学出版.2009.6

读与写作是放在一起,相互关联的。

教师把阅读和写作放一起,探讨"读写结合"的也很多。最为常见的是以读促写(一些教材在这方面也会有提示),比如采取仿写、改写、续写等。也有老师注意到以写促读的。其实,弗吉尼亚·伍尔夫早就说过:

> 要了解小说家创作过程中的细微末节,也许最简便的办法不是读,而是写;亲自去尝试一下把握语词有多么艰险。请回想一件给你留下深刻印象的事情,或许是,在某条大街的拐角处,你从两个正说着话的人身边走过。一棵树在摇曳;一道电灯光一晃一晃;那两个人说话的声音,让人觉得滑稽,又让人感到忧伤;那一瞬间,也许就含有一幅完整的景象,一个完整的概念。
>
> 但是,当你想用语词来重现这一景象时,就会发现它已散乱成了千百个相互矛盾的印象片断。这些片断,有些需要淡化,有些需要强化;而在写的过程中,你还有可能根本就把握不住情感本身。这样的话,你不妨丢开自己的那些乱糟糟的稿纸,翻开某个伟大小说家(如笛福、奥斯汀或者哈代)的作品来读一读。这时你就更加体会到他们的高超技艺了。①

只是在具体的教学中如何做好读写结合,是局部对接还是全部结合,这些还都值得讨论。更重要的是,在读写结合的过程中,往往会有一个部分处于次要、陪衬的位置上,弄不好就会顾此失彼,这就引起人们的思考:要不要在语

---

① 伍尔夫.读小说要有想象力.伍尔夫读书心得[M]P5 上海.文汇出版社. 2011.1

文课内部,把阅读和写作分开?

写作要不要自成一个序列?

无论阅读和写作是分还是合,写作都会遇到是否应该有一个序列的问题。因为阅读本身总是有序列的——不管是按主题还是按文体分单元,总之它有教科书给安排好的序列。那么写作呢?从写作的角度说,很多老师显然更喜欢按文体分单元的教材,因为写作可以自然而然地跟着阅读的序列,一种文体、一种文体地写。课改之后的语文教材基本都按主题编排,淡化了文体,作文也就不能像以前有些教材所做的,按文体逐渐推进。在"读写混编"的情况下,写作和阅读主要是在内容上和局部模仿上相关联,一般情况下,语文教师对写作有个总量控制,一学期写几篇,然后按一定的时间间隔让学生写。在这个过程中,要不要有序列,要什么样的序列,都十分值得关注。

类似语文版教材这样的编写,写作的序列基本不存在。有些教材在提供阅读材料的同时对写作也有关照,比如江苏教育出版社出版的高中语文教材,设计了"有感而发"(写作动机的产生)——"说真话抒真情"(写作文风的培养)——"从生活中找米"(写作材料的收集)——"观察和描写景物的特点"(写作体验和发现)——"简单地说明小制作"(写作方法的掌握)——"想象"(写作思路的展开)这些专题,每个写作专题中还都附有"修改作文"的指导短文,前后自成系列,从操作的层面提示如何进行作文修改,显然是对写作有一个通盘考虑的。不过,它和阅读课文是一种若即若离的关系,写作的系列性还在"犹抱琵琶半遮面"的状态。

写作除了可以像苏教版那样按照学生的写作心理为序

列,也可以按照写作过程,以审题立意、选材谋篇、立纲起草、撰写修改①为序列。如果操作得当,以文体为序列也未尝不可。还有老师从"一次有效的作文教学过程"的角度来探讨序列问题②。这方面留给我们探索的空间还是非常大的。

选修课的开设是否有必要?

选修课的开设在课改之前就提出了。

1981年4月颁布的《全日制六年制重点中学教学计划试行草案》提出:"为了适应和发展学生的志趣和特长,把基础打得更好,高中二、三年级设选修课,包括单课时的即对某些课程的选修和分科性的即侧重文科或理科的选修。"

1991年,中华人民共和国教育委员会颁布了《关于在普通高中开设选修课的意见》。根据这个意见,有些学校在选修课开设方面做了很有意义的探索。比如广州市教委属下的"普通高中选修课、活动课教材编写委员会"就主持编写了好几种选修课教材,其中语文类有《中国古代文化常识》《文言文拓展阅读》等5种③。

1996年国家教委颁布的《全日制普通高级中学课程计划(实验)》规定:学校应该"合理设置本学校的任选课和活动课"。这里的"任选课"不妨看作是等同于选修课的。

2000年教育部《全日制普通高级中学课程计划(实验修订稿)》规定:地方和学校安排的选修课占周课时累计的

---

① 参见2009年鲁琼两省高中新课程全员培训和2010年鲁琼高中新课程跟进培训视频课程

② 见李李.高中作文教学序列研究[A]在讲台上思考语文 P143 上海.华东师范大学出版社.2009

③ 崔干行.教育的理想和现实[M] P33 广州.暨南大学出版社.2005.2

10.8%~18.6%。

2003年颁布的《普通高中语文课程标准》(实验),不仅规定了必修课的两个目标(阅读与鉴赏,表达与交流)和五个模块(积累·整合,感受·鉴赏,思考·领悟,应用·拓展,发现·创新),而且规定了选修课设计的五个序列(诗歌与散文,小说与戏剧,新闻与传记,语言文字应用和文化论著研读)。

开设选修课的目的,课程标准在阐述课程的基本理念时说得很明确:

> 遵循共同基础与多样选择相统一的原则,精选学习内容,变革学习方式,使全体学生都获得必需的语文素养;同时,必须顾及学生在原有基础、自我发展方面和学习需求等方面的差异,激发学生的兴趣和潜能,增强课程的选择性,为每一个学生创设更好的学习条件和更广阔的成长空间,促进学生特长和个性的发展。①

"多样""差异""兴趣""潜能""选择""特长""个性"这些关键词的出现,清楚地把选修课的意义告诉了我们。尽管就目前的情况来说,选修课的开设离理想目标还有一定距离,但目标已经明确,风帆已经扬起。

它和必修课以及大学的选修课有什么区别?

在基础教育中开设选修课,有两个问题特别引起人们的关注:一是它和必修课有什么区别? 二是它和大学的选修课有什么区别?

---

① 普通高中语文课程标准(实验)[S]P3 北京.人民教育出版社 2003.4(以后出自本课标的引文不再注)

按照课标的精神,选修课和必修课的区别,从教育的关注角度来说,就是必修课关注"共同基础",选修课关注"多样选择"。选修课更加注意"差异",重在激发"兴趣和潜能",促进"特长和个性的发展"。从具体的教学来说,两者对文本解读的深广度和关注点也应该是不同的。在必修课中,有些内容,比如文言文、诗歌欣赏,一般是分散教学的;选修课则在过去基础课教学的基础上,将内容相对地集中起来,有一定的专门性,在某个模块所涉及的范围里内容相对比较系统和深化。选修课可尝试多种多样的教学方式,但决不可忽视基础性要求。从这个角度说,选修课与必修课是既有区别又有联系的。

和大学选修课很强的专业性相比,中学的选修课还是基础性的,是为学生将来专业发展打前站的。中学选修课承担的还是基础教育阶段的任务,不能过高地估计学生的认知水平,不能把学生当成已经完成语文学习基础任务的大学生,要根据学生的可接受程度来决定内容的取舍,选用教学方法。

三、教材编写

教材的定义是供教学用的材料,包括教科书、讲义、参考资料、录像、图片等①。由于教科书是教材中最为主要的,所以,尽管从逻辑上说,教科书包含在"教材"之内,概念要比"教材"小,但一般人们还是习用"教材"来专指教科书。

顾黄初《语文课程与语文教材》对语文教材作了更详细

---

① 现代汉语规范词典[Z] P661 北京.外语教学与研究出版社、语文出版社 2004.1

的划分,将它分为泛指、特指与专指三种。泛指的语文教材,是指一切对别人的语言文字修养产生影响的书面和非书面的材料;特指的语文教材,是指学校开设的语文课上教师和学生所使用的材料;专指的语文教材,是指语文教科书,就是我们常说的语文课本①。但事实上,除开特殊情况,教材、教科书、课本已经成了三个可以在同一意义上使用的名词。

教材编写是语文课程中可视性最强、涉及面也最广的。

教材编写可以由教育行政部门专门组织人力来完成,也可以由组织甚至个人出面来编写,但后者能否投入使用、在多大的范围内投入使用,必须获得教育行政部门的认可。

教材编写的基本趋势是从统一编写到一纲多本。

2004年1月版的《现代汉语规范词典》"教材"条,还说教科书是"国家指定并正式出版的课本"。②

统编教材往往是在意识形态相对封闭的背景下产生的,而一纲多本则体现了追求教育多样化的意图。2003年颁布的《普通高中语文课程标准》(实验)中有这样的表述:"建设开放、多样、有序的语文课程体系。"这一表述为教材编写留下了广阔的空间。2001年颁布的《全日制义务教育语文课程标准(实验稿)》和2003年颁布的《普通高中语文课程标准》(实验)都有"教材编写建议"和"教科书编写建议",前者共有9条,后者更有10条之多。前者的第8条是这样表述的:

---

① 顾黄初、顾振彪.语文课程与语文教材[M]北京.社会科学文献出版社 2001

② 现代汉语规范词典[Z] P661 北京.外语教学与研究出版社、语文出版社 2004.1

8. 教材体例和呈现方式应灵活多样,避免模式化。

这显然不是指一种教材,而且还特别提出"避免模式化"。2003年颁布的《普通高中语文课程标准》(实验)"教科书编写建议"的10条要求中,除开"落实《普通高中语文课程标准(实验)》的要求""必修课教科书,可以将课程内容设计成五个模块;也可以按'阅读与鉴赏''表达与交流'的目标分编,供学校在教学中自行组合成五个模块"这些表述相对比较刚性以外,其他都是原则性的。如选修课教材的表述:

选修课教科书,可以根据五个系列的课程目标,在每个系列中设计若干选修模块进行编写。也可以选用现成的图书作为教科书。

其中的"若干",就预留了很大空间。而"现成的图书"也可以作为教科书,更是具有高度的开放性。

四、课程内容

课程内容主要体现在教材上,也包括学习活动等。

课程内容也是随着社会发展而不断变化的。

(一)中国古代的教学内容

我国周代的国学,教授的是"礼、乐、射、御、书、数""六艺",也就是礼仪、音乐、射箭、驾驭车马、书写和数算六门功课。孔子青少年时,接受的恐怕也是这些教育内容。但孔子为人师后,却以"德行、言语、政事、文学""四科"[1]来品评他的学生,可见他的教学内容应该不是原来的"儒家六艺",而是有所变化的。

---

[1] 论语·先进篇第十一. 论语译注[M]P110 北京. 中华书局 1980.12

《礼记·王制》还记载了"四术"的说法:"乐正崇四术,立四教。顺先王诗书礼乐以造士。春秋教以礼乐,冬夏教以诗书。"①这里的"诗、书、礼、乐"四门功课则又与"六艺""四科"有所不同。

汉以后,中国思想界走上了独尊儒术的道路,当时的最高学府太学专以儒家经典为学习材料,即使如此,也有"五经""四书"乃至"十三经"的变化。

儒家本有六经:《诗》《书》《礼》《乐》《易》《春秋》,秦后《乐》失传,剩下五经。东汉在此基础上加上《论语》《孝经》,共七经。唐时有把《礼》分为《周礼》《仪礼》和《礼记》,再加上春秋三传,称为"九经"的。也有加上《论语》《孝经》《尔雅》,为十二经的。南宋朱熹承袭二程思想,把《大学》从《礼记》中抽出来,与《论语》《孟子》《中庸》并列为"四书",后来便有了宋刻的十三经,即《易》《诗》《书》《周礼》《仪礼》《礼记》《春秋公羊传》《春秋谷梁传》《春秋左氏传》《论语》《孟子》《孝经》《尔雅》。

可以说,在漫长的封建社会中,学习内容的变化不大,但也不是一成不变。汉之后,尤其是宋之后,陆续出现了一些根据上述儒家经典而编写的儿童蒙学教材,如《三字经》《百家姓》《千字文》《幼学琼林》《弟子规》等。这是当时文人充分考虑到儿童的接受能力后所作的努力。因为儒家经典中的好些作品,代表的是西周的书面语言,和后来的口语甚至书面语都有很大的距离。韩愈尚且说"周诰殷盘,佶屈聱牙"(《进学解》),其他阅读者就更不用说了。因此文人希望

---

① 十三经注疏. P1342 北京. 中华书局 1979.11

能用比较通俗的形式,把儒家的思想灌输给儿童。时至今日,随着岁月的流逝,社会的发展,语言的变化,这些文本通俗易懂的优点早就荡然无存,对现在的孩子而言,已然成了"天书"。再把它们翻出来作为学习内容恐怕就意思不大了。如果我们关注的是它的思想,那有的是比它经典的作品(且不说时过境迁,这些思想对学生适合与否);如果我们关注的是它的形式,则它形式上的优势早已失去。与其直接搬来用,不如学学古人,为我们的孩子写点具有现代先进思想而又通俗易懂的文字。一讲到继承中华民族的优秀传统,就去翻故纸堆,未免太肤浅了。

(二)现代语文科的课程内容

现代语文科在课程内容上有基础性、时代性、实用性、综合性、层次性、选择性和人文性等特征①。所谓基础性,应该是指课程内容必须包含学生获得语文素养的最基本的知识,它是语文素养获得发展的基础和前提。它的要求是共性的,针对所有学生的。所谓时代性,应该是指课程内容必须和社会的发展相协调并能在一定程度上体现出时代特色。所谓实用性,应该是与课程定位和培养目标相关联的要求。语文既然是对语言文字的学习,其目的是为了提高学生运用语言文字的能力,那课程内容中就必须有切实提高学生接受和表达能力的特点。所谓综合性,也即"大语文"观念。语文科可能比其他任何一门学科更具有综合的特点,不仅是口头和书面的综合,也不仅是接受和表达的综

---

① 王少非.新课程背景下的教师专业发展[M]P24-27 上海.华东师范大学出版社.2005.7

合,甚至也不仅是语言、文字、文学、文化的综合,它还有和其他学科的相关性,比如历史、哲学、社会学、人类学等等。所谓层次性,是指课程内容必须有层级,强调淡化知识系统并不能消解知识系统,更不等于课程内容的无序。所谓的选择性,指的是课程内容的开放程度,是对学生个性发展的重视。所谓人文性,是指课程内容必须注意语言这个载体所承载的情感态度价值观。

这些特征在本次课程改革中得到强调,并不意味着之前的课程内容中就没有这些特征,更重要的是对操作过程的纠偏。由于同样的原因,类似或相反的操作过程中的谬误,仍可能在课改后出现。比如,选择性特征,尽管有选修课等举措在保证,实际操作中还可能出现问题。再比如,由于强调人文性,很可能把语文课上成了政治课或思品课,等等。

现代语文科的教学内容体现在教材上,主要由两部分组成:现代文和古文。两部分中又各包含了诗歌、散文、小说、戏曲等各种体裁。就目前的教材编写情况而言,两部分内容的比重尚无定式。目前根据《普通高中语文课程标准(实验)》编写并经全国中小学教材审查委员会审查通过并投入使用的课标版教材——山东人民出版社的《普通高中课程标准实验教科书·语文》(简称鲁人版)、人民教育出版社的《普通高中课程标准实验教科书·语文》(简称人教版)、江苏教育出版社的《普通高中课程标准实验教科书·语文》(简称苏教版)、语文出版社的《普通高中课程标准实验教科书·语文》(简称语文版)、广东教育出版社的《普通高中课程标准实验教科书·语文》(简称粤教版)和根据《上海市中小学语文课程标准(征求意见稿)》编写并经上海市中小学教材审查委员会审查通过的两套二期课改教材——华东师范大学出版社的《高级中学教材·语文(试验本)》(简称沪试验版)和《高级中学课本·语文(试用本)》(简称沪试用版),文言文比重有 30%、35%、40%、50%、55% 五种,粤教版约为 30%,苏教版和沪试验版约为 35%,语文版和沪试用版约为 40%,人教版约为 50%,鲁教版约为 55%。最少的不足三分之一,多的超过半数。

在古文和现代文中,各种文学体裁所占的比例也各不相同。所选文章更是五花八门。有些教材编写者为了"避熟",找一些比较冷僻的作家或作品,实际效果并不理想。

目前的语文教材,大多用主题组织选文、形成单元,但单元主题又各各不同。

从总体上说,目前语文科的教学内容,是在大前提基本统一之下的百花齐放。

课程内容中比较有争议的问题是:让学生学习经典文本还是学习时代性比较强的文本(简称时文)?

时文不是经典

美国著名学者阿德勒认为,名著必须具备 6 个条件:(1) 名著的阅读者最多。名著不是一年两年的畅销书,而是经久不衰的著作。(2) 名著通俗易懂,因为它面向的是大众。(3) 名著永远不会落后于时代,决不会因为政治风云的变幻而失去价值。(4) 名著隽永耐读,一页的内容多于一般书籍整本的内容。(5) 名著最有影响力。因为名著有独特的见解,言前人所未言,道古人所未道,很有启迪作用。(6) 名著探讨的是人类尚未解决的问题,并在某个方面有突破性的进展。①

　　这6个条件对大部分的经典文本来说是合适的。个别地方,比如名著是不是一定要通俗易懂,和我们目前的情况可能不太吻合。对很多人来说,尤其是对中学生来说,他们不读名著,并不是因为不喜欢,相反,"在言语之间,他们对名著不敢亵慢,只是'敬鬼神而远之'。②"因为名著对他们而言是难读的,是人人都希望自己读过而又不愿去读的书。

　　但作为经典文本有些条件是必须具备的。比如,它必须有广大的阅读者。过去的文学批评往往只涉及作家和作品两个因素,但现代文学批评却不能不考虑读者。作家、作品必须和读者一起,才是一个完整的接受过程。司马迁作《史记》,如果仅"藏之名山"而无"传之其人",那它就不是名著。有的经典作品也可能读者不多。这牵涉到数量的相对性和读者的水准问题。达尔文的《物种起源》、赫胥黎的《进化论与伦理学》(《天演论》)都是经典文本,但作为自然科学方面的著述,读者不会太多。"文革"时期的有些小说,从拥有读者的绝对数来说,是相当惊人的,但那决不是名著。经典文本拥有的是高水准的读者。是不是有一定数量的具有相当思想水平的读者关切这本书,是作品是否能成为经典的关键。

　　经典文本还必须经受时间的考验。古往今来,人类留下的文字不计其数。就中国文人而言,从开设科举的隋文帝开皇元年(AD587),至废除科举的清光绪三十一年(AD1905),

---

①　阿德勒.怎样阅读一本书[M]上海.商务印书馆 2004.6
②　舒明、吴东昆.中学生为何不读名著[C]文汇报.2001年8月4日第10版

在这一千三百多年的科举舞台上,有过多少风流人物?他们的诗文如今留存的又有多少?大量的作品都被似水流年带走了。留下来的名著都是大浪淘沙的结果。这里的主宰不是哪一个人或哪一些人,而是时间。大红大紫的书可能被时间所淘汰,"藏之名山"的书可能被发掘出来。晋代大诗人陶渊明的作品在唐以前并不很受推崇:南朝刘勰《文心雕龙》根本未提;钟嵘《诗品》列为"中品";陶渊明诗作共125首,散文辞赋12篇,萧统《昭明文选》仅录诗8首,文1篇。但自唐代开始,他渐受推崇:或推崇他的人品气节,如李白、白居易;或仿效他的题材风格,如王孟的"山水田园诗派"。北宋后地位愈尊,苏轼追和陶渊明诗111首,大有将他置于李杜之上之势。元、明、清三代,陶诗的注本、评本之多,几近于老杜。充分说明是否经典是必须经过时间的检验的。从这个角度说,时文就不能说是经典。卡尔维诺在《为什么读经典》一书中给经典下了14个定义,其中的第13条说:"经典是将当代的噪音贬谪为嗡嗡作响的背景之作品,不过经典也需要这些噪音才能存在。"第14条说:"经典是以背景噪音的形式而持续存在的作品,尽管与它格格不入的当代居主导地位。[①]"这个论述十分明显地把经典和时文作了区分。

那么,在语文的课程内容中,究竟以什么为主?

经典的优势和弱点

大部分学者赞同在语文课程内容中以学习经典文本。

[①] 转引自郝明义.越读者[M] P208 台湾.英属盖曼群岛商网路与书股份有限公司台湾分公司.2007.5

如上所述,经典是经过时间考验的。

经典的弱势在于它和学生之间存在着时间的隔阂。

首先,是时间造成的语言的隔阂。语言是随着社会的发展而不断变化的。《尚书》等代表西周书面语言的文本,到战国,已经和当时的语言有了隔阂。唐代的韩愈更称其"佶屈聱牙"。诸子散文的兴起,其实就是一场语言革命。"即使我们把《尚书》与《孟子》的语言差距拿来和桐城派古文与五四白话文的差距作对比,并以为这两次革新在历史上的价值相等,看起来并不算过分①"。从语言发展的角度来说,学习经典文本,要有一个克服语言障碍的过程。

其次,是时间造成的内容的隔阂。尽管经典文本有它的超时代意义,但毕竟是某个特定时代的产物。它所表现的情感、态度、价值观和今天都会有所不同。比如,现代的年轻人对《红楼梦》中宝黛那种欲说还休的恋爱方式就很难理解,更遑论理解杜丽娘"这般花花草草由人恋,生生死死随人愿,便酸酸楚楚无人怨②"的情感。

时文的优势和弱点

和经典不同,时文是和学生的现实生活息息相关的,阅读起来很少语言和内容上的隔阂,便于学生较快"进入状态",学习到生活中有用的语言运用方法。弱势在于缺少已经成为定论的名篇,一时引起轰动效应的作品究竟能不能有恒久的意义还无法证实。只靠少数几个人(包括教材编写者、教师等)来选择,难免失之粗疏,较难在表现内容和语言

---

① 徐北文.先秦文学史[M]P171 济南.齐鲁书社.1981年
② 汤显祖.牡丹亭.六十种曲.卷四 P37 北京.中华书局.1958.5

形式上找到尽善尽美的作品,而经典作品即使做不到这一点,但它毕竟是经过久长时间和无数读者检验的"合格产品"。

五、教学方式

教学方式包括教学的组织形式、授课方法、学习方法等种种。它和教学内容紧密相关,也和社会生产力的发展相适应。

(一) 传统的教学方式

在农业经济时代,以人力资源为主,土地、畜力为主要能源,相应的知识内容为简单的读、写、算术,相应的教育形式则多采用师徒相授、口耳相传。值得注意的是,早期的教学方式不等于错误的教学方式,中外都有优秀学者为我们留下了古代教育的佳话。中国古代的孔子,从记录在《论语》和其他著作中的他和学生之间的谈话来看,在教学方式上就有很值得我们学习的地方。比如他的启发诱导,他的因材施教等等。古希腊哲学家苏格拉底的"产婆术"更是被称为启发式教育的滥觞。

工业经济时代以矿产、机械为主要能源,教育内容发展为天文、地理、物理、化学等,班级教学成为主要形式。教育扩大了规模,更多的教学方式开始成型。班级教学是一个教师面对多个学生,教师要让自己的已有知识最快捷地传授给学生,讲授是最经济的方法。因此讲授法在当时是最常见的教学方式。但讲授法对学生这个学习主体关注不够,因此被批评为"满堂灌",也就是捷克教育家 J. A. 夸美纽斯指责的"注入式教学"。作为讲授法的补充和突破是启发式教学。

启发式教学强调对学生主体的关注,在这一前提下,方法可以多样,其中也不全然排斥讲授。孔子在自己的教学过程中就曾注意到学生作为学习主体对教师的影响,所谓"不愤不启,不悱不发[①]"。苏格拉底的"问答法"也是用问题来启发学生的独立思考以探求真理。近代教育史上,德国教育家J.F.赫尔巴特以及赫尔巴特学派以倡导启发儿童已有的经验和知识作为学习的出发点的理论,被称为启发教学法,也即启发式教学。

有人把于漪老师的课堂教学分为讲授、实践、交互、自省、比较、指导发现、自我发现、自我教学8种类型[②],这些课型并不是固定的,经常会出现相互交错、难以归类的情况,8种课型在逻辑分类上也不是非常严密,可见教学方式是丰富复杂的,尤其当它在课堂实际使用的时候更是如此。

(二)知识经济时代的教学方式

知识经济时代以知识为基础,以信息、智能为主要能源,教育的内容在基础知识外又有信息技术、生化工程、航空航天等高科技知识,教育形式中出现了远程网络教学。教学方式也有了新的变化。特别是围绕以学生为中心的认识论,出现了很多新的教学理论,如源自西方基于问题的学习、抛锚式教学、认知学徒制、交互式教学、基于目标的情节、基于项目的学习、建构主义学习环境和开放学习环境等[③]。

2001年,《全日制义务教育语文课程标准(实验稿)》

---

① 论语·述而篇第七.论语译注[M]P68北京.中华书局1980.2
② 参见程红兵.于漪语文课堂教学风格谱系研究.于漪语文教育艺术研究[M]济南.山东教育出版社1999.3
③ 兰德等.以学生为中心的学习环境.学习环境的理论基础[M]P2上海.华东师范大学出版社2002.9

（以下简称"初中课标"）、2003年《普通高中语文课程标准》（实验）（以下简称"高中课标"）都"积极倡导自主、合作、探究的学习方式"。特别提出要"改变过于强调接受学习、死记硬背、机械训练的状况"。2001年，初中课标还提出了"综合性学习""探究性学习"等学习方式。

和传统的教学方式相比，这些学习方式的最大特点在于它的开放性。这一特点是讲授式教学、甚至启发式教学都不具备的。

自主、合作、探究的学习方式的出现，是社会发展的需要。

教育存在的人类学依据是"成熟差"：即前一代人相对于后一代人在身体、经验、知识、能力、社会性等方面的优势。因为成熟差的存在，教育成为必须。但随着电子媒介时代的到来，这种成熟差正在消逝。儿童可以自如地进入成人世界，成人的信息控制权削弱，成人后台行为大量暴露，社会裸体化，知识差距消解①。在这样的情况下，传统的学习方式受到了严峻的挑战。我们过去可能会因为拥有比学生更多的知识而赢得尊敬，从而可以教导他们，但如今在学生的心目中，拥有知识最多的，一定不是老师，而是互联网。过去我们不说，学生就未必知道，如今只要动动手指，任何一个学生都可能比你知道得更多。在这种情况下，新的学习方式的出现几乎是必然的。

自主、合作、探究，是随着时代发展和社会进步而出现的新的学习方式，每一个词语都对学生的身心健康都具有

---

① 参见高德胜.道德教育的时代遭遇[M]北京.教育科学出版社 2008.6

重大意义。

自主是学习方式,也是学习品格的确立,意味着学生对学习要有主动权和主动性。

主动权就是学生在一定范围内有选择学习内容或学习方式的权利。主动性就是学生对学习活动抱有积极心态。主动权和主动性是相辅相成的,没有主动权,主动性就无从谈起;反过来,没有主动性,即使给予主动权也会形同虚设。开设选修课以及进行其他一些改革,目的都是为了让学生有更多的自主学习的权利。

合作是学习方式,也是一种人际交往,是"全球化社会中现代公民之必需"①。

分工合作是人类社会发达与否的标志之一。越是文明发达的社会,分工越精细。这是因为精细的分工可以创造出高的效率。既然有分工,合作就成为必须。教师在被互联网脱卸下沉重的知识外衣后,应该以学习合作者的身份来和学生相处。学校的未来图景应该是"学习共同体"②。

探究是学习方式,也是一种精神状态,是学生获得发展的重要途径。

学习的重要内驱是人的好奇心,对不明就里的事物要探个究竟。而"一种纯粹基于兴趣的,看起来毫无实际用途的研究,最终会以出乎人们意料的方式在现实生活中生产应用",这是"大多数科学技术领域的发展所体现出的一条

---

① 陆志平.语文课程新探[M]P4 长春.东北师范大学出版社.2002.6
② 高德胜.道德教育的时代遭遇[M]P34 北京.教育科学出版社 2008.6

必然规律"①。语文学习同样需要、也同样应该培养这种"纯粹基于兴趣"的探究精神。

"综合性学习"是对语文课有形外延的有限度打破,有利学生获得更全面的发展。根据语文课程标准阶段目标的要求,语文综合学习的方式主要有三种:问题—解决;观察—表达;活动—探究。上海市高桥中学的语文综合实践活动"江淮文化之旅",采用的就是"活动—探究"的方法,活动内容涉及历史、地理、民俗等各个方面。这种打破之所以被称为是"有限度"的,是因为它毕竟是语文课的综合性学习。就"江淮文化之旅"而言,不论是最后的"扬州史话"还是"扬州诗韵",语文的因素都是显而易见的。

这些新的教学方式的出现,并不和原有的教学方式形成对立,而是一种补充和发展。随着社会的发展,一定还会不断有更新的教学方式出现。

六、教育评价

(一) 中国古代的教育评价

两千年前的孔子,就深得学生评价之三昧。在评价学生的时候,坚持激励为主原则、因人而异原则。在"子路、曾皙、冉有、公西华侍坐"章里,他鼓励学生畅谈生活理想,在这个过程中,他其实对每个学生的发言都有自己的评价,但他把这些都淡化了,直到最后才发表了唯一的一句评价:我是赞同曾点的。这种选择本身就是一种评价方法,即以激励为主,尽量发现学生中值得肯定的部分。

---

① 木遥.关于折纸的若干事[C]艺术世界.2010年第8期

我们还注意到,孔子用的是"吾与点也"这样的表述,也就是他表示自己所想的和曾皙一样,而不是说某种想法一定是正确的。正因为如此,对于自己不能认同的子路的发言,他仅以微微一笑表示了态度。这样一种屏弃二元对立的评价方法,无疑是高明的。

　　面对不同学生提出的相同问题,孔子经常会提供不同的答案。同样是弟子问仁,孔子回答颜渊说是"克己复礼为仁";答仲弓是"己所不欲,勿施于人";答司马牛是"仁者,其言也讱"。又如,同是问"闻斯行诸",孔子答子路是"有父母在,如之何其闻斯行之";答冉有是"闻斯行之"。不同的对象,考虑其不同的个性、进德修业的具体情况,给予不同的教诲,这不仅是因材施教的教育方法问题,也是孔子能对学生作出正确评价的基础。正是在这样的基础上,他才能对学生作出精准的评价:"德行:颜渊,闵子骞,冉伯牛,仲弓。言语:宰我,子贡。政事:冉有,季路。文学:子游,子夏。[①]"

　　尽管早在两千年前孔夫子对学生的评价就很到位,但那毕竟是一种个人行为,而且,在现有文献中,我们也只能看到孔子曾经"这样做",而无法进一步了解探讨他为什么要"这样做"。

　　我们的传统文化其实一直很重视评价问题,但这种评价多半是个人行为,即所谓"臧否人物"。而官方机构的评价则往往是在选拔中体现出来的,或者说,官方评价侧重于甄别和选拔功能。汉代的"举孝廉",曹丕的"九品中正制",包括隋朝以后的科举,都是一种选拔和评价体系。这些评

[①] 论语·先进篇第十一.论语译注[M]P110 北京.中华书局 1980.12

价在特定的历史背景下产生,也起到了应有的作用,但这还都不是现代意义上的教育评价,而且随着时代的变化,社会的进步,这些评价体系也早就因为它的不适应性而退出了历史舞台。

(二) 现代教育评价

现代教育评价发端于 20 世纪 30 年代美国泰勒(R. W. Tyler)的"八年研究",从那个时候开始,教育测量变得广泛了,人们产生了一种想法,即认为不但对容易测量的知识面的评价是重要的,而且对于一些难以测量的内容,如人格、态度、效果等的评价也是重要的。泰勒认为"评价过程实质上是一个确定课程与教学计划实际达到教育目标的过程。然而,由于教育目标实质上是指人的行为变化,也就是说,力求达到目标是要使学生行为方式产生所期望的某种变化,因此,评价是一个确定实际发生的行为变化的程度的过程。评价这个概念有两个重要的方面。第一,它寓意评价必须评估学生的行为,因为教育所追求的正是这些行为的变化。第二,它寓意评价在任何时候都必须包括一种以上的评估,因为要了解变化是否已经发生,必须先在早期作出一次评估,再在后期作出几次评估,从而才有可能确定所发生的变化[①]"。较之于之前的测验(testing)和测量(measurement)时期,这个时期被称为描述时期(description)。

1957 年,苏联人造地球卫星升天,引发美国的教育改革,持续到 20 世纪的 70 年代。这一时期被称为是判断(judgement)时期。其主要特点是把评价看作是价值判断的

---

① 教育评价[A] 瞿葆奎主编. 北京. 人民教育出版社. 1988. 第 495 页

过程。这个判断不仅针对预定目标所设计的结果,也包括过程和预定目标本身。20世纪六七十年代后,评价进入了建构(construction)时期。这一时期的主要特点是质性评价范式的应用和多元主义价值观下的评价主体多元化①。

我国传统的课程评价一直被批评为主要以考分来作为衡量学生的唯一标准,其实,传统教育中也有评价反馈,用的是"学生手册""成绩报告单"等形式;甚至我们也不缺少对人格态度等的评价。在"学生手册"或"成绩报告单"上,一般都会有教师的评语,有的明确是"品德评语"。只不过评价的向度比较单调,过程性批评比较缺乏,评价的内容太过狭窄。

20世纪80年代后,基础教育在课程评价方面进行了一系列的改革和尝试,提出形成性评价、综合学力考查、质量综合评定等。90年代,上海市采用了《上海市学生评价手册》,尝试运用描述性的语言来评价学生的学习态度、学习能力以及学习效果等。

在积极推进课程改革的进程中,教育部进一步建立并完善了与之相配套的教育评价制度,关注学生学业成绩的同时,重视对学生的思想品德、学习能力、实践能力、身心素养等方面的综合评价,构建多元化的评价体系。

2005年,《上海市学生成长记录册》取代了沿用多年的《上海市学生评价手册》,评价学生看重"努力"两字,更明显地体现出过程性评价的趋向。在语文课程学习情况记录表一栏里,对学生学习状况的评价与记录贯穿于日常的教育教学行为中,着眼于学生的发展,注意开发学生的潜能和发

---

① 参见李雁冰.课程评价论[M] 上海教育出版社.2002.6

挥学生的特长,注意反映学生的差异,使之成为学生认识自己和教育自己的一种教育方式。

(三)语文课程标准中评价的概念和原则

初中课标"评价建议"有很多新的提法:

突出语文评价的整体性和综合性。

形成性评价和终结性评价都是必要的,但应加强形成性评价。

定性评价和定量评价相结合,但更应重视定性评价。

实施评价,应注意教师的评价、学生的自我评价与学生间的互相评价相结合。

高中课标的"评价建议"也指出:

语文课程评价要突出整体性和综合性,从知识和能力、过程和方法、情感态度和价值观几方面进行全面考察。

要根据学生的个体差异和个性化要求,采用生动活泼、灵活多样的评价方法。

课程评价具有检查、诊断、反馈、甄别、选拔、激励和发展等多种功能。

提倡评价主体多元化。

这些提法针对性非常鲜明:第一,评价手段要多样化,反对把考试作为唯一的评价手段;第二,评价内容要多样化,反对把掌握多少知识作为唯一的评价内容;第三,评价结果要多样化,反对把分数作为唯一评价结果;第四,评价主体要多样化,反对把教师作为唯一的评价者;第五,评价功能要多样化,反对把选拔作为评价的唯一功能。这些对国内外评价理论的浅显表达,对于扭转时弊具有非常重要的意义。

第二章 什么是语文素养

根据上述讨论,语文是对口头语言和书面语言的学习。它包括:口头语言的倾听和表达能力以及书面语言的阅读和写作能力。也可以说,语文学习包括表达和接受两部分,它包括:学会运用好的口语和书面语来表达自己的思想以及对口语有好的倾听能力和对书面语有好的阅读能力。而在阅读接受的过程中,包括对人文性内容的接受;在表达的过程中,又包括情感、态度、价值观的正确与否。总之,语文素养,是指学生在语文方面表现出的"比较稳定的、最基本的、适应时代发展要求的学识、能力、技艺和情感态度价值观",有工具性和人文性统一的丰富内涵[①]。

第一节 口头语言的接受能力

口头语言的接受能力,通俗地说,就是能不能听懂别人的说话,看起来这似乎是毫无悬念的,只要具备两个条件,这种能力就自然具备了。第一个条件是有健全的听力器

---

① 语文课程标准研制组.普通高中语文课程标准解读[M] P65 武汉.湖北教育出版社.2004.4

官,听力正常,不存在疾病或残障。第二个条件是与交流对象使用同一种语言(包括方言)。我们之所以把口头语言的接受能力也作为语文素养的一个方面,是因为"听话"其实有几个层级,而且并不是每个人都能达到"听话"的最高层级。口头语言的接受,除了上面所说的两个条件外,还有第三个重要条件,那就是语文素养。语文素养越高,听话能力越强。反过来说,听话能力,即口头语言的接受能力,也就成了语文素养的一个重要内涵。

一、完成信号转换,建立基本的沟通渠道

从生理的角度来说,所谓"听",是脊椎动物具有的与声音感觉有关的特殊官能之一。机械振动波通过哺乳动物耳内的感受器传递。声能转换成冲动后,由听神经传导至听觉中枢而感受到。但这种"感受"必须在大脑作出反应后才有意义,这种反应就是语文素养。譬如有人对你说外语,尽管你同样能接受到这些声音信号,但是它对你来说是无意义的。所以,口头语言的接受能力首先是能够完成信号转换,建立基本的沟通渠道,大致能听懂别人所说的话。

并不是使用同一种语言的人就一定能听懂对方的话,它涉及文化修养的方方面面。所谓"秀才遇到兵,有理说不清",就是说当交流对象在文化程度上相差悬殊时,沟通就会发生障碍。不过这种障碍不会造成沟通渠道的完全堵塞,它只在沟通内容进入比较复杂的层面时才产生问题。比如,一个目不识丁的人向一位大学教授问路,或者倒过来,沟通基本上都不会有什么障碍;但如果这两个人要讨论"该不该征收房产税"的问题,沟通就可能有问题了。

完成信号转换,建立基本的沟通渠道,不包括专业性很强的话题,大部分人听力正常、思维正常的人应该都能够达到"听话"的这一层级。但从语文素养的角度来说,还要加上一个条件——掌握普通话,即标准的现代汉语。

二、准确捕捉口头语言所发出的信息

尽管我们都有正常的听力,可以听懂用现代汉语普通话表达的话语,但并不等于就能够准确捕捉口头语言所发出的信息。就如同阅读时低学段的学生会出现"跳读"现象,漏掉一些文本上的信息一样,接受口头语言时同样会产生这样的问题。而且,文本是固定的存在,这次漏读的内容可以在下次的阅读时补上。口头语言只存在于一定的时间段内,过去了就听不到了。所以,准确捕捉口头语言所发出的信息,不遗漏,不误听,是非常重要的,是应该而且能够训练的语文能力。

苏教版高中语文教材必修4第四专题"走进语言现场",对这个问题进行了非常有意义的尝试。在教学《白发的期盼》这一课时,江苏省无锡市锡山高级中学的一位老师在课上放了一段录音,让学生仔细听,听完老师提出一些看似很简单的问题让学生回答,结果很多回答错了。这个实验证明,准确捕捉口头语言所发出的信息,并非每个人都天生具有的能力。当老师向学生揭示存在的问题并点拨一些注意点之后,再让学生听一些语言材料,学生捕捉信息的准确率就有了明显提高。

即使是教师,也并非都能准确捕捉口头语言所发出的信息。在课堂上,学生的问答或发言,往往有许多丰富的教育信息。比如在讨论卖油翁对陈康肃的态度时①,有个学生的回答很有意思,他说:"他是不屑一顾,哦,不是不屑一顾,是不太在意。"这个回答其实包含着很多和学习相关的信息:为什么是"不太在意"而不是"不屑一顾"?"不屑一顾"和"不太在意"有什么区别? 这不仅是词语辨析问题,也是对人物形象的理解问题,更加重要的是,它生动地展示了学生在回答问题时的思维过程,他对问题的理解,他对词语的选择。但教师却只简单接受了一个信息:卖油翁对康肃公不太在意。

三、领会言外之意,作出正确反应

口头语言不仅是文字的发音,它同时伴有语气、语调、语境等。同样的字词在不同的语境下意义变化会非常之大。高鹗在续写《红楼梦》时留下了一个千古不解之谜,那就是黛玉临终时说的"宝玉,宝玉,你好……"。"你好"什么,我们无从猜测。或许是"你好薄幸",或许是"你好狠心",或许是"你好自为之"……有人戏言,"特起作者于九泉,问他'你说好什么',当答曰'我也不知好什么'②"。但如果此话不是书面语言,而是口头语言,情形就大不相同。我们从林黛玉的语气语调中大概可以揣测到她此时对宝玉的态度,至少,是怨恨还是牵挂,是可以听得出的。这就是口语独特的地方。语言学中的新兴学科领域语用学,就是专门研究特定情景中的特定话语,研究如何通过语境来理解和使用语言的。而

---

① 欧阳修. 卖油翁. 入选沪教版二期课改初中语文教科书(试用本)七年级(上)
② 《红楼梦》太平闲人夹批. 红楼梦(三家评本)P1622. 上海古籍出版社 1998.2

语言的这种独特性在口语中应该是表现得最为充分的。

口语的这样一种情况,给接受口语提出了更高层级的要求。在这方面,有很好的语文素养,意味着不仅要听懂听清对方说了什么,而且要听得出对方的弦外之音,并作出正确的反应。

这个问题在语文课堂教学中也是极其重要的。

对语文老师来说,在课堂师生问答的环节中,重要的与其说是"问",不如说是"答"。因为"问"都是事先经过教师的精心设计的,而"答"却是课堂随机生成的。但正是由于"问"的精心设计,它时常不是一个单独的问题,而是一连串问题,是一个和另一个相关联的问题,前一个问题的答案(教师预设的),往往是后一个问题的前提,这就导致教师迫不及待地想听到"正确"答案,以便让课堂教学能够顺利地进行下去。这种情形下,教师的"听"是有很大问题的。

由于某些教师把提问作为寻求标准答案的过程,关注的不是学生讲了什么,而是学生有没有讲出我要的答案。因此在信息筛选的时候,他把自己的接受系统调整为二进位的状态:如果答"对"了,就继续下一个问题;如果答"错"了,就努力"引导",争取快点得出"对"的答案,以便继续下一个问题。所有的问题问完,都有了预设的答案,这堂课就完成了。这时候的信息接受,是非常狭窄的,也就是我们上面说的"二进位制"。学生在回答问题时所发出的丰富复杂的信息,在老师的接受时被简化成了"对"或"否"两种。

学生在课上的回答或发言,其实是一座教育信息的宝库,有丰富的"含金量"。这种"含金量"是相对教育而言的,而不一定是相对教师预设的答案而言的,也就是说,从回答问题的角度来说他可能有误,但他提供了一个有用的信息,这就是"含金量"。在一堂作文课上,老师让学生看铁凝的《一千张糖纸》①,找出"在叙述的过程中开启了哪几个合适的窗口"。一个学生回答说:"'我对糖纸没兴趣'这句话,起了铺垫作用。"就老师的提问而言,这个回答显然是不正确的,但里面有意义。意义之一,是这位同学答非所问。那么,他是没听清问题,还是听清了没理解?老师的正确反应就应该先弄清他答非所问的原因。因为课堂提问时,学生答非所问是常见的现象,包括老师喜欢问的:"谁还有不同意见?"得到的回答往往是前面发言的重复。这里发出的信号是,第一,他们没有认真倾听别人的回答;第二,即使他听了,也没有考虑新的创意,而是甘于人云亦云。第三,也是更糟糕的,当重复别人的观点时,学生不是表达他的赞同,而是对前面的发言置若罔闻,自顾自地把别人说的内容重复一遍。针对这样的发言,老师必须指出问题,教会学生倾听,包括倾听老师的提问和同学的发言;也教会他们表达,包括表达自己的观点,也包括如何表达赞同别人的观点。这便是那位学生的发言在思维训练和语言表达上的意义。可以通过他的发言,让大家知道问答必须把对方放在心上,这是对人的基本的尊重;前言和后语必须是有逻辑关系的,这是说话的基本规则。意义之二,是这位同学说到了"铺垫"这种用法,而且是说对了。这无论是对学生的阅读还是写作都是有价值的。肯定这一点,就可以让这位学生和其他学生都顺便知道了或温习了"铺垫"的用法。如果出于所

---

① 此文入选沪教版二期课改初中语文教科书(试用本)六年级(下)

谓的保护学生的积极性,来一句空头表扬,然后王顾左右而言他,对学生的思维方法和文学认识都是一种损害。

尽管课程标准强调"学会倾听",但我们总认为,这不是一件难事,尤其是对教师而言,这简直不是问题。但这个课例说明,对口头语言的接受,并不像我们所想的那么简单。它是语文素养的一个重要方面。

关于口头语言的接受,《上海市中小学语文课程标准》中的规定是：

  一至二年级：能认真听他人说话。

  三至五年级：能认真听他人说话,理解他人所说的主要意思。

  六至九年级：养成尊重他人发言的好习惯;能及时概括他人发言和报告的主要意思。

  十至十二年级：能尊重他人发言,及时把握他人发言的要点;有收听、收看广播和电视新闻的习惯,能概括视听内容的中心。

从"听"到"理解",再到"概括",基本就是循着口头语言接受的三个层级来逐步要求的。其中,关于收听、收看广播电视的要求,涉及媒体素养,后文将会谈到。

第二节　口头语言的表达能力

一、口头语言表达的要求

(一) 会说

和口头语言的接受一样,口头语言的表达,首要条件也是生理器官健全,无疾病或残障,再加上掌握了一门语言。这应该是健康的社会人都能做到的。母语的口头表达,一般并不需要学校教育,孩子都能在生活中习得。但"一个有趣的现象是:人们既感到自己的口语能力无师自通,与生俱来,又痛切地觉察自己的口笨舌拙、词不达意"①。这是什么原因呢?这其实和一个人的语文素养有很大关系。即使是习得的语言,也有粗俗与文雅之分。医学上的"秽语症",虽然有其病理上的成因,但"秽语"却是从生活中"习得"的。所以,即使是在口头表达的最低层级,口头语言也是和素养有关的。

(二) 能说

当我们能用一种语言来表情达意的时候,其表达的效果如何,更是语文素养的表现。俗话说:一句话可以使人笑,一句话可以使人跳。这种"话的力量"甚至在我们的文化中被扩大为"一言兴邦,一言丧邦"②。翻检中国史籍,成功使用口语导致政治、军事上成功的例子不胜枚举,比如鲁仲连义不帝秦,触詟说赵太后,烛之武退秦师等。现代口语交际中的"能说",不仅要说服人,而且要在包括劝慰、鼓动、论辩、商量等各种人际交往的环节中,能成功地进行口语交流,取得理想的效果。

(三) 敢说

我们时常可以看到儿童边玩边念念有词的情形,这种行为的意义是将心里所想的事物变成语言,以刺激自己的

---

① 李明洁. 口语交际课程要教什么. 语文教育研究大系·理论卷[M]P340 上海教育出版社. 2005.12

② 论语·子路篇第十三. 论语译注 P138 北京. 中华书局. 1980

行动。这时候的语言只具有对自己谈话的机能,被称为"自我中心语言"。皮亚杰认为这种语言没有交际功能,不属于真正的交谈或对话,只是反映了前运算时期儿童思维以自我为中心的特点。随着儿童认知的发展,自我中心语言最终会被社会化语言所代替。维果茨基则认为,自我中心语言具有一定的社会性,并且这种语言有助于儿童思维的加工,它会逐步演变为成人的两大言语体系之一的内部言语。

口语表达在某种程度上也包括这种"自我中心语言",但更多情况下则需要有交流对象。对象可能是一个,也可能是几个甚至更多。当对象的身份特殊,比如是你的上级;或者对象的数量很多,比如在大规模的集会上说话;或者对话的后果很严重,比如招生面试,就会在一定程度上造成心理上的紧张,导致表达质量下降。在可说可不说的情况下,有人甚至会逃避表达。该说的时候大胆说,重要谈话时不怯场,这是心理素质问题,也和语文素养有关。

二、口头语言表达的种类

(一)有声阅读(朗读、诵读)

我们之前说,口语表达在某种程度上也包括"自我中心语言",指的就是在特定情况下的朗读和诵读。朗读或诵读有时并没有交际作用,甚至是在没有他人的情况下进行的。有时即使有他人在场,但也没有交际意义。比如课堂上的朗朗书声,如果没有接受者(老师或别的同学不在听),诵读者的目的也不是说给别人听,那就类似"自我中心语言"。它和真正的"自我中心语言"的区别,在于后者是儿童成长过程中的不自觉的行为,前者却不是。

初中课标四个学段都有对朗读的要求。

第一学段：学习用普通话正确、流利、有感情地朗读课文。

第二学段：用普通话正确、流利、有感情地朗读课文。

第三学段：能用普通话正确、流利、有感情地朗读课文。

第四学段：能用普通话正确、流利、有感情地朗读。

四个学段也都有对诵读的要求。

第一学段：诵读儿歌、童谣和浅近的古诗。

第二学段：诵读优秀诗文，注意在诵读过程中体验情感，领悟内容。背诵优秀诗文50篇（段）。

第三学段：诵读优秀诗文，注意通过诗文的声调、节奏等体味作品的内容和情感。背诵优秀诗文60篇（段）。

第四学段：诵读古代诗词，有意识地在积累、感悟和运用中，提高自己的欣赏品位和审美情趣。

两相比较，朗读的主要对象是课文，进一步可以发展到其他文章；诵读的主要对象是诗歌，包括儿歌、童谣、诗、词，还有一些优秀的散文。从中可以看出，朗读和诵读的主要区别在于诵读中的背诵成分。

（二）单向表达

单向表达指的是演讲、发言等不直接接受聆听者信息反馈并当即作出反应的活动。

和有声阅读相比，单向表达是口语表达上的一个飞跃。有声阅读虽然发出了声音（即成为一种表达），但说的是别人的思想,表达的是别人的感情。单向表达说出的是自己的思想感情。首先当然要保证这种思想感情是健康的,然后就是如何将自己的思想感情用最好的语言形式表现出来。由于单向表达往往是可以事先准备的,甚至是有书面文字的,所以,它实际上更接近于书面表达。

从口语表达的角度来说,单向表达要求声音响亮、吐字清楚,能通过抑扬顿挫的语调使语言更富感染力。

(三)多向表达

多向表达也就是我们所说的口语交际,它是以两人以上的对话为特征的。西方有很多口语交际的典型事例。苏格拉底的"产婆术",又叫"问答法",就是通过和学生的口语交际来完成教育。17世纪的培根也把会谈作为做学问的途径之一①。现代西方的选举制度更使口语交际成为他们的强项。

中国的传统文化是否重视口语? 历来有不同的看法。

有人认为,我们的传统文化是不重视说话的,倡导的是"敏于事而慎于言"②。

其实,传统文化中对口头表达还是很重视的。"孔门四科"中就有"言语"一科③。后来刘义庆编《世说新语》,也据此列了"言语"一栏,而且多达106条(它有36个门类,有的只有几条)。

不过,传统意义上的"言语"并不完全是现代意义上的口语交际。它更多地表现为个人的言语智慧。比如,孔融

---

① 培根. 论学问. 培根随笔集[M]北京. 人民文学出版社 2006.1
② 论语·学而篇第一[M] 论语译注 P9 北京. 中华书局 1980
③ 论语·先进篇第十一[M] 论语译注 P110 北京. 中华书局 1980

小时候很聪明,有人当着他的面说:"小时了了,大未必佳。"他立刻反唇相讥:"想君小时,必当了了。"①我们所得意的,往往是在和别人言语交际中如何占了上风。

把上面所说的情况综合起来,传统文化中对言语的认识基本是:第一,反对夸夸其谈;第二,在口语交际中不能落败。这和现代对口语交际的要求相距甚远。

现代意义上的口语交际要敢于表达自己,更要能很好地与他人沟通。要尊重他人,理解他人;要敢于坚持正确的看法,也要勇于修正不正确的看法。要学会在与同伴的交流中获得有益的营养,等等。

初中课标对口语交际的要求是:

第二学段:在交谈中能认真倾听,并能就不理解的地方向人请教,就不同的意见与人商讨。

第三学段:与人交流能尊重、理解对方。

第四学段:文明得体地进行交流。

倾听、请教、商讨,都涉及与交际对象的互动,充分体现了口语交际多向表达的特点;尊重、理解,涉及对交际对象的态度,是与情感、态度、价值观相联系的;文明得体,应该是进入了多向表达的比较高的层级。

第三节 书面语言的接受能力

书面语言,也叫文字语言,包括文字符号本身和由文字符号组成的文件。

---

① 刘义庆.世说新语[M]P48 上海古籍出版社 1982.11

一、接受文字符号

对文字本身的学习基本只体现在低学段的识字教学中,之后的语文课虽然也涉及对字形、字音、字义的学习,但重点在于清除阅读障碍,而不在于对文字字形、字音、字义的理论性学习。普通人对文字本身的接受也仅止于此,也就是说,只要知道字的音、形、义就可以了。

对文字本身的接受能力有量化标准。初中课标规定:

第一学段(1—2 年级)

认识常用汉字 1 600—1 800 个,其中 800—1 000 个会写。

第二学段(3—4 年级)

累计认识常用汉字 2 500 个,其中 2 000 个左右会写。

第三学段(5—6 年级)

累计认识常用汉字 3 000 个,其中 2 500 个左右会写。

第四学段(7—9 年级)

累计认识常用汉字 3 500 个,其中 3 000 个左右会写。

《上海市中小学语文课程标准》对写字的要求略高于全国课标,要求一至二年级就要认识 2 000 个、会写 1 000 个汉字。九年级结束时要"能认识并正确书写 3 500 个汉字",而且在二年级之后,识字和写字就完全同步。

《现代汉语常用字表》之一,包括常用汉字 2 500 字;《现代汉语常用字表》之二,包括次常用汉字 1 000 字。两者相加,共 3 500 字。这 3 500 个常用汉字的学习在义务教育阶段全部要完成。而学生的阅读活动,并不需要等到掌握了全部或大部分常用汉字才能进行。根据国家语委最新的一个语料统计(九亿字符语料库统计),覆盖语料 80% 的是 581 个汉字,覆盖语料 91.4% 的是 1 400 个汉字,覆盖语料 99.67% 的是 3 200 个汉字[1]。这也就是说,从认识 581 个汉字开始,就开始进入汉语的自由世界了。即使有些字不认识,也不一定妨碍阅读。

比如《西游记》中有这样一段描写:

那老君到兜率宫,将大圣解去绳索,放了穿琵琶骨之器,推入八卦炉中,命看炉的道人,架火的童子,将火扇起锻炼。原来那炉是乾、坎、艮、震、巽、离、坤、兑八卦。他即将身钻在"巽宫"位下。巽乃风也,有风则无火。只是风搅得烟来,把一双眼睛熁红了,弄作个老害眼病,故唤作:火眼金睛。

其中,"艮""巽""兑""熁"等字中学生可能不识,"琵琶骨""八卦"等词,中学生可能不明确其意义,但是,"太上老君的八卦炉烧不死孙悟空,只把他一双眼睛弄红了"这一基本意思,中小学生都是可以理解的。

从语文素养的角度说,当然认识的字越多越好,词汇量越大越好。

还有一项更重要的能力就是工具书的使用。从认字的角度来说,要穷尽所有几乎是不可能的。因此,能否熟练地使用工具书就成了衡量书面语言接受能力高低的标尺之一。

---

[1] 陆志平. 母语特点与母语教育[M]P13 南京. 译林出版社 2010.11

初中课标要求：

第一学段(1—2年级)

能用音序和部首检字法查字典。

第二学段(3—4年级)

会使用字典、词典。

第四学段(7—9年级)

能熟练地使用字典、词典独立识字，会用多种检字方法。

也就是说，在义务教育阶段结束时，学生应该会熟练地使用音序、部首等多种检字法来查字典或词典，这也是重要的语文素养。

二、接受由文字符号组成的文件

由文字符号组成的文件包括各种各类文章，可以分为文学作品和非文学作品；也可以从文体上分为议论文、记叙文和说明文等。

语文素养就是对这些文章的接受能力，也就是阅读能力。

（一）关于阅读的基本概念

首先，我们必须认识到：阅读是一项积极的活动。它有两个内涵：

1. 阅读是与作者的配合

语文课以听、说、读、写能力的培养为主要目标。有人拿阅读与明显需要动作的"写"和"说"进行比较，推断说，"写"和"说"既然是主动的、积极的，那么，"读"和"听"就是被动的、收受的。也就是说，作者和读者的关系可以这样来归结：

作者（主动授予）→读者（被动接受）

其实，作者和读者的关系更类似球友：

身　份	动　作	结　果
作者（掷球者）	写作（掷球）	产生了作品（开始了球的运动）
读者（接球者）	阅读（接球）	理解了作品（结束了球的运动）

显然，作者和读者两者都是活动的，只是动作不同。只有当掷球者（作者）和接球者（读者）合作无间时，才能获得成功。

作为作者，他写书，希望别人能了解他的思想，这是他主动的一面；作为读者，他读书，想要了解作者的思想，这也是主动的。

如果要问：世界上最难以推销的货物是什么？答曰：是书本上的思想。它很难像推销货物一样强行推销出去。总要读者有一定的主动性，这个了解的过程才能得以完成。

作者有高下优劣，读者也是如此。

读书读得好不好，取决于读者所采取的主动的程度以及他所运用的技巧。如果作者想要在书本中所表达的思想，读者通过阅读都了解了，或者说基本了解了，那么，作者的表达技巧和读者的阅读技巧可以说是旗鼓相当。

有人把书本比作老师，因为书本能给我们许多教益。如果更确切一点，我们可以说，书本是一位缺席的老师。试想，如果是一位有责任心的老师，他一定会循循善诱，诲人不倦，直到你把问题完全弄懂为止。但书本不会。他是一个渊博的老师，但他授课之后匆匆离去，所有他提出的问题都必须由你自己去寻找答案。因此,没有主动性的阅读简直是不可想象的。

2. 阅读是对作品的不断再创造

阅读是一项需要倾注努力的工作——当然,它也可以成为享受①。弗吉尼亚·伍尔夫说过,理想的读书需要想象力、洞察力和判断力②。有些教师和学生会把欣赏影视作品当作是阅读名著的一条捷径。"一些学生说,现在大部分名著已拍成电视剧或电影,看过后就知道是怎么回事,也没有耐心再去看名著。③"而实际上,看电影、电视和阅读是全然不同的两件事。

影视和书本呈现给我们的东西不同。影视提供的是各种事实、图片和数字。书本则不同。按照接受美学的理论来说,作品充满了"不明确的因素",它们的效果如何,取决于读者作出的解释,而且可以对它们作出许多不同的甚至自相矛盾的解释。正如英格丹所说,文学作品本身只不过是一整套"纲要",或总的说明,还需要加以实施。比如读《红楼梦》,一千个读者的心目中就存在一千个林黛玉——每一个林黛玉身上都有读者的因子在内。看电视剧《红楼梦》就不同了,如果是1987版的话,成千上万个观众的心目中只有一个林黛玉——那就是由陈晓旭饰演的林黛玉。

影视和书本的接受方式也不同。一度曾有人认为儿童

---

① 毛姆. 读书应该是一种享受. 毛姆读书心得[M]P3 上海. 文汇出版社 2011.1

② 伍尔夫. 为读书而读书. 伍尔夫读书心得[M]P21 上海. 文汇出版社 2011.1

③ 舒明、吴东昆. 中学生为何不读名著. 文汇报. 2001年8月4日第10版

多看电视有助于开发智力,但人们很快就意识到长期大量收看电视会养成被动思维的习惯,恰恰有碍于儿童智力的发展。于漪老师说,阅读是一项基于形象思维之上的抽象思维活动,如果简单用上网、电视替代阅读,长此以往,孩子会形成被动接受的思维方式;而且会造成推理、判断、概括等能力的衰退,导致思维的贫乏、单一[①]。著名的英国历史学家汤因比毕生不看电视,认为打开电视是他高度蔑视的一种逃避现实的形式,怯懦而无聊。他的做法和说法虽然有些偏激,但决不是没有道理的。在观看影视剧的时候,人们主要进行的是感情活动,随着剧作者安排好的情节而喜、怒、哀、乐,思维完全处于被动状态。而阅读的过程始终是能动的过程,是复杂思维活动的过程。所以美国前第一夫人劳拉在谈教学心得时说:"我想要提醒不同年龄的人们:阅读活动确实具有吸引力;通过阅读,可以达到电视所不能给予的促进,唤起和激发想象力。[②]"

当我们开动脑筋,用我们的想象力、洞察力和判断力来进行阅读时,实际上是对作品的再创造。

作品(文本)是主客观相结合的产物,但它一旦生成(出版),便成为纯客观的东西。阅读作品,就是用读者的主观,与作品这一客观再结合一次。这一次结合所产生的后果,是不可预测的。

我们可以用两个公式来作比喻:

A 基因(作者的主观)+B 基因(作者周围的客观)=

[①] 请教会孩子阅读. 文汇报. 2001 年 7 月 6 日第 6 版
[②] 2002 年 2 月 2 日《参考消息》转载美国《妇女家庭》杂志报道

C 基因(作品)

C 基因(作品)＋D 基因或 E 基因、F 基因(各种各样的读者)＝？

每次由名著改编的电影或电视剧放映,对里面的人物总是有人说像,有人说不像。什么道理呢？因为人们在阅读名著时已有了自己的"创造"——留在头脑中的人物形象,一旦电影或电视剧中的人物形象和他的创造相吻合的,他就会觉得像;不吻合,就觉得不像。越是经典的作品,可以"创造"的东西就越多。

鲁迅先生讲过,《红楼梦》"单是命意,就因读者的眼光而有种种:经学家看见《易》,道学家看见淫,才子看见缠绵,革命家看见排满,流言家看见宫闱秘事……①"。鲁迅先生所说,并非空穴来风,都是在《红楼梦》研究史上确实出现过的,而且大部分都完成了著述,比如梦痴学人的《梦痴说梦》,蔡元培的《〈石头记〉索隐》,王梦阮、沈瓶庵的《〈红楼梦〉索隐》等。不管其内容价值如何,都是对作品的再创造。

而且,阅读对作品的的再创造是无止境的。

作者在将作品交付出版后,就结束了其对作品的创造。有人说:电影是遗憾的艺术。书本也未尝不是——除非再版。但书本可以再版,电影也可以重拍,这仍然是同一的。

阅读者却不然。在与作者配合的过程中,阅读者不断地在创造。每一次阅读都是一次创造,可以直至无穷。比如我国著名剧作家曹禺创作的《雷雨》②,从内容上来说,是

---

① 鲁迅.绛洞花主小引.集外集拾遗[M]P177 北京.人民文学出版社 1976
② 本剧为普通高中语文课程标准附录建议的课外读物

写一个中国旧家庭的悲剧故事;从艺术上来说,明显地受到西方戏剧文学的影响,其中乱伦的情节、浓厚的悲剧气氛与希腊命运悲剧有明显的继承关系。凡是读过希腊悲剧大家索福克勒斯的剧作《俄狄浦斯王》的人,再读曹禺的《雷雨》,多少总能够感觉到两者之间的某种相通之处。这个剧本1925年在日本举行了首演,同年秋在国内上演,从这个时候起,《雷雨》就独立了,开始向各个层次的人物投射它的艺术魅力,而人们也不断地从中获得新的感受。1980年,上海文艺出版社出版了华东师范大学教授钱谷融先生关于《雷雨》的专著《〈雷雨〉人物谈》,其时距《雷雨》问世已过45年,在这将近半个世纪的接受过程中,人们从《雷雨》中所得到的已远远超过了作者创作之时所预想的。

面对这样的现象(包括我们对课文的种种解读),有些教师发出了这样的疑问:"作者有想这么多吗?"甚至当某篇课文的作者还健在时,有老师还会去追问作者。其实不必问。很可能,作者并没想这么多。"那么,作者没想过的东西可以读出来吗?"我们的回答是:可以,这便是阅读的再创造,它是可以无止境地进行下去的。著名作家毕淑敏专门写过她在8岁、18岁、28岁、38岁和48岁读《海的女儿》时的完全不同的感受,并且遐想"当我58岁……68岁……108岁(但愿能够)的时候,不知又读出了怎样的深长"? 可见阅读感受是可以不断更新的。

(二) 构成阅读能力的因素

一个人有没有阅读能力,阅读能力的水平如何,在实际生活中也许不难分辨。那么,究竟是哪些因素构成了这种阅读能力的有和无以及阅读水平的高和低呢? 从理论上来

说,主要是以下四个方面:

1. 视读能力

视读能力就是对字形的辨识能力。

我们常说,某个字我们"识",某个字我们"不识",所谓"识"与"不识"首先就是指对这个字的字形有无辨识能力。比如说:"我不识德文。"主要是指对德文的字形没有辨识能力。没有视读能力,也即我们所说的"文盲",当然无法进行阅读活动,部分地丧失这种能力,即我们所说的"半文盲",也会影响到阅读的正常进行。

对字形的辨别能力有快慢之分。一般说来,儿童和老人辨别字形较慢,青壮年人较快;文化程度高的人较快,文化程度低的人较慢;从事文字工作的人较快,从事其他工作的人较慢。对字形的辨识能力越快,阅读速度越快。初学英语的人都有这种体会:阅读由小写字母组成的句子比阅读由大写字母组成的句子要快。比如,当 Welcome to Shanghai 以大写的形式出现在横幅标语上面成了 WELCOME TO SHANGHAI 时,初学英语的人对后者就不能像对前者那样一目了然,而会减慢视读的速度。为什么会这样呢?道理就在于大部分的文句基本上是由小写字母组成的,看得多了,辨识小写字母的速度就相对比辨识大写字母要快。

2. 诵读能力

诵读能力就是对字音的辨识能力,也包括记忆背诵的能力。

对字音的辨识能力往往与对字形的辨识能力同在。比如我们不能辨识"鳏"这个字的字形,往往也就不知道这个字的读音为"guān"。但有时也可能不同步。像日文、韩文,其中都夹有不少汉字,这些汉字的字形或许我们可以辨识,但要是我们并不懂日文和韩文,对于这些字的字音就无法辨识。在汉语中也有类似的情况,比如我们上面所举的"鳏"字,有些同学可能知道这个字,但却不能正确地读出"guān"这个读音。或者他们知道"鳏夫"这个词,却写不来"鳏"这个字。可见对字形和字音的辨识能力并不是完全同步的。我们时常说的"读别字"和"写别字"往往就是在这种不同步的情况下发生的。比如,按照"没有节制地喝酒"这个意思,有的同学能写出"酗酒"这个词,但却把"酗"字读成了"xūn"。或者错把"汗流浃背"写成了"汗流夹背",这里出现的"读别字"和"写别字"就是字音和字形的辨识能力不同步的表现。

对字音的辨识也有快慢。同样,青壮年比儿童和老人要快;文化程度高的比文化程度低的要快;另外,口舌伶俐与否也与辨识速度有关。我们时常听见幼童"秋一天一来一了一天一气一凉一了"这种慢节奏的读书声,就是因为他们还不能很快地辨识出字音。对字音的辨识速度的快慢,与阅读能力成正比。

3. 思想能力

思想能力就是对字义和句型及篇章结构的理解能力。

有时候,读完一篇文章或一部书,我们会说它"不知所云"。"不知所云"就是不理解或无法理解。这也许是作者的问题——他表述得过于晦涩,或者他本身的思维就一团糟——也许不是。如果不是,那么问题就在读者的思想能力上。

全然没有思想能力的阅读很少见,俗话说的"小和尚念经——有口无心"大概可以算一种。一般来说,没有思想能力就无法阅读。

思想能力有强弱之分。

思想能力的强和弱首先表现在对字义和句型及篇章结构的理解正确与否。

书本是作者思想的表述,而作者的思想又是在对古往今来的思想加以思想的基础上产生的,阅读就是对这种复杂的思想加以思想。它的形态大致是这样的:

(读者)思想
↓
(作者的)思想
↓
(古往今来的)思想

能不能正确理解作者的思想,各人的差异很大。所谓"望文生义",就是一种思想时的错误。比如电视剧《还珠格格》的插曲,把汉乐府《上邪》中的"山无陵",改为"山无棱",解释为"当山峰没有棱角的时候",就是对原作的错误理解。原作列举了5种绝不可能发生的自然现象:"山无陵(当山峰夷为平地),江水为竭(江水干涸),冬雷震震(冬天打雷),夏雨雪(夏天下雪),天地合(天空和地面合在一起)",作为"乃敢与君绝"的先决条件,说要是有那些事,我才不爱你。可那些事是绝对不会发生的,所以我的爱也是永远不变的。"山无陵",何等铿锵的誓言,换成"山无棱",不仅文理不通,意思也完全不对了。

思想能力的强和弱还表现在思维速度上。中国古代有所谓"苦吟"诗人,其创作思维的速度之慢,到了"两句三年得,一吟双泪流"(贾岛《题诗后》)的地步。阅读思维上也会有这种"苦苦思索"的情况,而另一些人则可能思维比较快捷。

思维能力的强弱与阅读能力成正比。

4. 书写能力

书写能力就是对书本所表述的内容的归纳整理能力和对自己读后感的归纳整理能力。

表面上看来,书写与阅读似无直接联系,而实际上书写是阅读的一个重要组成部分。动手书写的生理行为会使所写的句子成为深刻的印象而历久不忘。至于记下对所读的内容的感受和所生的疑问,正可以使所感受的内容记忆更久,而所生的疑问印象更为深刻。书写能力的有和无,虽然不像上面三种能力那样直接影响到阅读能否进行,但如果没有书写能力,其阅读能力一定处于很低的水平。一个不会组织句子来归纳整理书本上的内容和表达自己所想说的话的人,永远不可能成为一名优秀的读者。

书写能力的强弱表现在准确性和速度两方面。

准确性指文句是否恰如其分地表达了思想,也包括文句是否简洁、流畅等。

速度指相同时间单位内完成的书写内容的多少,或者指完成同等质量的书写内容所花费时间的多少。

书写能力的强弱与阅读能力成正比。

朱熹在《训学斋规·读书写文字》中说,读书要心到、眼到、口到。胡适又补充说,三到是不够的,须有四到,是:眼到、口到、心到、手到。他所说的"四到",也即我们所讲的视读、诵读、思想和书写四种能力。一个人的阅读能力就是由这四种因素组成的,是一种综合的能力。阅读就是对这种综合能力的运用。

应该指出的是,并不是阅读每一部作品都要"四到"。古人称有"目治之书",有"口治之书",有"心治之书",有"手治之书"。就是说,在阅读时可以根据不同的需要,侧重于某一阅读能力因素的使用。比如只需浏览的书,即为"目治之书",诗词散文之类需朗读背诵的,即为"口治之书";经典著作则大多要"心治"和"手治"。但就总体而言,阅读能力是一种综合的能力。

(三) 阅读能力的层级

1. 初步阅读

这是最基本的阅读。也就是说,作为读者你必须知道书本上的句子说的是什么。如果使用的是母语,应该说,每个识字的人都能完成这初步阅读。

但在初步阅读的成熟阶段,读者至少要学会浏览和懂得第一读。

在什么样的情况下应该进行浏览和第一读呢?其基本的情势大致是这样的:

手头有阅读材料 + 有一点有限的时间。

假如没有阅读材料,阅读当然无从进行;如果有材料同时也有无限的时间的话,也无所谓浏览——我们有的是时间可以把手头的阅读材料仔仔细细地啃上一遍、两遍、三遍。有些蹲监狱的人会把手头的某部书翻烂,原因即在于此。如果有了时间的限制,情况就不一样了。我们想读,但不知道这本书值不值得读,因为我们的时间有限,阅读一本对自己来说没有阅读价值的书,无疑是极大的浪费。在这种情况下,我们开始浏览。

浏览也就是粗略了解一下这是一本关于什么的书,作者的主要论点是什么,等等。通过浏览决定手中的读物是否值得仔细阅读。

如果浏览之后你觉得无需再多知道此书的内容,那么你就可以放下书本,停止阅读,这样你就节约了好多时间与精力;如果浏览使你觉得这本书很有必要仔细阅读,那么你也就完成了对此书的预读。

浏览的过程也是学习的过程。我们可以从中获得许多知识与灵感。鲁迅先生的杂文《随便翻翻》就是从他自己如何浏览书本写开头的。不管浏览以后的结果如何,浏览所花费的时间决不是浪费。

浏览的预期目的

浏览也要有目的。有些人可能不理解,既然是浏览,又讲什么目的?按照他们的想法,浏览就是随便翻翻,或者是走马观花地看一遍,看进多少算多少。

如果把阅读作为消遣,这样做不算错。但从语文能力的角度来说,浏览也有方法。因此必须确立一个浏览的预期目的。

通过浏览至少要能够解决两个问题:

一是了解此书的基本内容和大致情况;

二是决定是否继续阅读和怎样阅读。

要达到这两个预期目的,就必须讲方法。

浏览的基本方法

① 注意封面文字和序言

封面文字一般是三个"名":书名、作者名、出版社名。看了它们,就知道这是谁人所写的什么书以及是哪个出版社出的。作者姓名可以引起我们对这一作者的其他著作的关注,也可以帮助我们了解在某一领域中经常出现的是哪些作家。出版社名可以让我们知道该出版社经常出版哪一类的著作,并且通过阅读了解出版社的品质。

序言有自序和他序。

自序为作者自己所写,比如鲁迅先生就曾为自己的小说集《呐喊》、杂文集《花边文学》《且介亭杂文》《三闲集》《二心集》等多种作过序。他序则是请他人所写。被请对象一般是本书所讨论问题的权威,或者是与作者关系较密切的人。比如上海文艺出版社编辑出版的《中国新文学大系》,序作者是巴金,因为巴金不仅是新文学运动中的重要作家,也是中国文学界的权威。再比如萧红,她是在鲁迅的关怀和扶持下成长起来,成为20世纪30年代文坛上活跃的女作家的,所以她的代表作《生死场》就由鲁迅先生作序。

不论自序还是他序都会介绍该书的基本内容,如果是他序,还会对该书作出基本评价。好的序言应该是实事求是的、不溢美的。比如夏丏尊的《关于〈倪焕之〉》,可以说是1929年8月上海开明书店初版《倪焕之》的序言,文章评价这部小说"不但在作者的文艺生活上是划一时代的东西,在国内的文坛上也可说是可以划一时代的东西",但也指出"有数处却仍流于空泛的疏说",并举例说明这种"等于蛇足的东西,不十分会有表现的效果[①]"。

读了序言,就间接知道了该书的基本内容,直接知道了

---

① 夏丏尊.关于《倪焕之》.叶圣陶研究资料(上).北京.知识产权出版社,2010.2

序作者对该书的基本评价。

也有的序言不对作品发表评价,而是就相关问题发表自己的看法,鲁迅为萧红《生死场》、为田军《八月的乡村》、为叶紫《丰收》等作的序大抵如此。

② 研究书的目录

一部书的目录时常为人所忽略,好像不进行查检就用不着去看,其实不然。

目录对一部理论书来说,是论述纲要,不仅作者要讲什么可以看得清清楚楚,先讲什么后讲什么也一目了然。通过阅读目录,"对全书就能得出一个初步的、总体的印象,为下一步正文的阅读理出一个大致的线索,其作用不亚于一遍浏览"①。

比如中国戏剧出版社出版的,由赵兵、王群合著的《朗诵艺术》共分五章:

第一章　朗诵艺术的源流

第二章　朗诵艺术创造的基本功

第三章　朗诵艺术创造的基本要求

第四章　朗诵艺术创造的技巧

第五章　不同文体作品的朗诵

读了它的目录我们便知道这本书的主要内容是讲朗诵的艺术创造,而在这之前,作者介绍了朗诵艺术的源流;最后,又针对不同文体的作品讲了一下具体的朗诵方法。

目录对于一部小说来说,是情节脉络。故事发展的曲折起伏尽在其中。大部分中国古典小说的回目都能看出故

---

① 冯健雄.读书方法纵横谈[M] P24 甘肃.甘肃少年儿童出版社.1991.5

事的大概情节。

好的目录还具有欣赏价值。金庸作品的回目就大有讲究。他的小说大部分回目对仗工整,类似旧章回小说。《倚天屠龙记》每个回目都是一句七言诗,句句韵脚相同,连起来就是一首柏梁体古诗。《天龙八部》的五集,每集回目自成一首词,分别是[少年游][苏幕遮][破阵子][洞仙歌]和[水龙吟]。《鹿鼎记》的回目是从清代诗人(也是金庸的先祖)查慎行的诗集中集取对句而成。

当年冯梦龙在编纂"三言"时也曾对回目下过一番功夫,把原来字数参差不齐的故事标题,改成了划一的、上下对仗的回目。《崔待诏生死冤家》在明代晁瑮的《宝文堂书目》中写作《玉观音》,《京本通俗小说》写作《碾玉观音》,冯梦龙把它改成七字句,和上篇《陈可常端阳仙化》对偶。《杜十娘怒沉百宝箱》蓝本为《负情侬传》,改成现名,正好与上篇《赵春儿重旺曹家庄》相对。至于《红楼梦》中"情切切良宵花解语,意绵绵静日玉生香""柳叶渚边嗔莺叱燕,绛云轩里召将飞符"等回目,那更是非常优美的诗句。

③ 查索引(注脚)

索引是注脚的一种,一般是理论书籍在引用资料时所用。索引很容易为人所忽略。除非精读,难得有人去看索引。其实,如果一部书有索引,在浏览时就有必要去看一看。这样做的目的是要了解一下作者所提到的其他种类的书籍。这些书中也许有我们所熟悉的,也许是我们所不熟悉的,或者是正好想看的,这样就可以以书带书,让我们知道更多的有关书籍。说不定其中哪一部会成为我们下一步阅读的对象。而索引的丰富与否,也可以看出作者在这方面下的工夫如何。

④ 看封底和其他地方的文字

封底文字是出版者或作者亲自写的,它往往用于对书中最主要的内容作一简介,所以有必要看一看。

其他地方如书籍的扉页、勒口等,都会写有关于本书的一些文字,有时是作者简介,有时是对同类书籍的介绍,特别是系列书、丛书之类,出版者会在这些地方告诉你,这一套书共有哪一些,已出版的是哪几本,将出版的还有哪几本,等等。这类文字可以帮助我们扩大视野,了解更多的情况。

⑤ 选读

选读就是选取书本中的一部分章节或内容来阅读。随便翻翻以后可能有两种情况:爱不释手或不忍卒读。如果出现这两种情况,说明选读的目的已经顺利达到。如果不出现以上两种情况,选读恐怕还得进行下去,直到你能确定这是一本内容平平的书为止。

应该说,做完上述这些工作,对这部书已有了一定的认识,已经能决定要不要对它作更详细的阅读了。按照这样的程序来进行浏览,比起随手胡乱翻看,应该是更有效的。

第一读的原理和方法

很多人曾经经验过,开始时抱着极大的信心要读完一部有难度同时也大有知名度的书,比如德国哲学家恩斯特·卡西尔的《人论》,或者是古典巨著,如托尔斯秦的《战争与和平》、罗曼·罗兰的《约翰·克利斯朵夫》,但终究归于失败。当这种情况发生后,人们很自然地认为,事情一开始就是个错误,那些作品如同"天书",以自己的知识水平要读懂它完全是非分之想。实际上并非如此。

错误并不在于我们希望读一部有难度的书,而在于我们对一部有难度的书第一次阅读所抱的奢望。

我们不主张脱离实际地阅读太过高深的书,但一般的读物,尽管有困难,只要以正确的方法去阅读,还是可以读懂的。

什么是正确的方法呢?有一条很重要、而且很有帮助、却常为人们所忽略的阅读规则,那就是"第一读"。

"第一读"就是越过困难(注意:不是克服困难)通读全篇。

"第一读"是对书本作整体阅读,它至少有两个意义:

首先,如果要复读,第一读所了解的部分能帮助你理解第一次阅读所未能理解的地方。要起到这样的作用,非读过全篇不可。比如读《红楼梦》,开卷第二回有一首[西江月]词描述贾宝玉:

无故寻悲觅恨,有时似傻如狂,纵然生得好皮囊,腹内原来草莽。潦倒不通世务,愚顽怕读文章,行动偏僻性乖张,那怕世人诽谤。

富贵不知乐业,贫穷难耐凄凉,可怜辜负好韶光,于国于家无望。天下无能第一,古今不肖无双。寄言纨绔与膏粱,莫效此儿情状。

初次阅读至此,很难准确理解这首词的含义。作者曹雪芹好像对贾宝玉颇多微词,说他"傻""狂""愚顽""偏僻""乖张""无能""不肖"等,并且号召青年子弟们不要学他的坏样。如果我们不作进一步研读,径直相信作者字面的话,就根本无法理解贾宝玉这个形象,有时还会得出和作者本意完全相反的结论。如果读完了全篇,再看此词,感受就不一样了。我们会知道所有的贬词都是从"世人诽谤"之口说出的,作者所要塑造的,倾注同情的,恰恰就是一个与尘俗格格不入的形象。

这是"第一读"给复读带来的好处。

如果不复读,"第一读"也是有意义的。因为只要完成了"第一读",即使只了解一半内容也比半途而废要强。假如没有完整的"第一读",而是不停地查词典、找参考书,迫不及待地解决"拦路虎",而不是越过去,那必然读读停停,结果很可能半途而废。

浏览也是积极的阅读,它要求同精读一样有所收获。

千万不要以为浏览就可以不动脑筋,浏览也必须集中注意力,这样才可能在较短的时间内获得较多的东西,而不会"随便翻翻"了半天,什么东西也没有看进去。

改写本的阅读

培根在《论学问》中说:"有些书可供一尝,有些书可以吞下,有不多的几部书则应当咀嚼消化。这就是说,有些书只要读读他们底一部分就够了,有些书可以全读,但是不必过于细心地读;还有不多几部书则应当全读,勤读,而且用心地读。有些书也可以请代表去读,并且有别人替我作出节要来,但是这种办法只适合于次要的议论和次要的书籍,否则录要的书就象蒸馏的水一样,都是无味的东西。[①]"

培根这段话是对阅读技巧的形象阐述,包括了选读、泛读、精读等。他还提出了一种读书方法,就是读节要。这种阅读在过去来说是奢侈的,不是一般人能够享受的。但是在社会分工越来越精细的今天却易如反掌。1991年12月上海文化出版社"五角丛书·豪华本"《世界小说名作故事

[①] 培根.论学问.培根论说文集[A]上海.商务印书馆 1984

大观》,将67部名作,3600万字的内容概括在近百万文字中。上海文艺出版社从1990年起为名作家出故事总集,计有巴尔扎克、托尔斯泰、狄更斯、雨果、高尔基、司各特、莫泊桑等。这些书都是录要的改写本,阅读它们可以为我们节省时间。但是,就如培根所说,录要改写本和原著不是同样的东西,真正的阅读还是必须以原著为基本。

2. 深度阅读

深度阅读就是要进入阅读的高层次,要对作品的内容和形式取得相当深度的了解,达到相当熟悉的程度。

深度阅读的基本过程

(1) 了解全书的内容

首先,依照性质与主题给书分类。

比如,我们手头有一本叫《美学散步》的书,我们首先应该知道,这是一部理论书,而不是文艺作品;再进一步,这本理论书谈的是美学问题。

其次,写提要。用简单的句子,最多不超过几句,记述全书的内容。

这是对全书内容的综合和概括,要求简明扼要,既不能写得冗长罗唆,也不能有所遗漏,这样才能保证读者所抓住的确实是最主要的内容。

再次,写大纲。也就是将书中主要的部分,按照被排列的次序列出,以明确它们彼此间连接的情形如何,以及在全书的地位如何。

它和写提要的意义不一样,提要是概括作者的思想,大纲是理清作者的思路。

做完以上这些工作,我们对一部书的大致内容应该是比较明确了。

在阅读一本书的时候,不需要读一遍,做一种工作,技巧熟练的读者一次就能同时完成上述三项工作。这是深度阅读的第一步。

(2) 体味作者说什么和怎样说

我们已经了解了一部书的大致内容,再进一步,我们想知道,作者这么写到底是什么意思,这种意思他又是如何用他所特有的方法来表达的。于是,我们由小到大地开始工作。

首先,找出一本书中重要的字或词,并弄清它们在此书中的特定含义(关键词)。

阅读是传播和被传播的过程,也即是一个人分授某事给另一个人的一项努力。这项努力要获得成功,基本的前提便是有一个共同的了解,达成这个了解,传播才会成功。如果在传播中有意义不清楚的情形,所有的分授情形便只是另一个人听到或读到一个人所说或所写的许多单字而已。比如我们在某处看到"手纸"两字,按照常义,我们马上理解为"卫生纸"。但是,如果写此两字给你看的是一位日本人,那么他使用这个词的实际含义却是"信纸"。这一差讹,沟通就无法完成了。再比如说,有些横行霸道的地痞流氓时常会向小店小铺的老板"借"东西,这个"借"字,含义也是独特的,如果你按照常义向其索还,结果自然是自讨没趣。这也可以算是一种不能沟通。

每个作者都有自己使用词汇的习惯,有很多时候,作者所用的字(词)会超出常用义项所指的范围,不了解这些词汇的独特意义,阅读就无法完成。因此,为了使传播能够成功,双方(作者和读者)不仅需要使用同一种语言,而且需要在同一意义上使用所有的字或词,只有在这种情况下,才有沟通可言。也就是说,读者必须找出作者所使用的特殊的字与特殊的词汇,并寻求其真义。

比如,曾经红极一时的心理学著作、荣格的《心理类型学》,把人的心理类型分成内倾型和外倾型两大类,又分成思维型、情感型、感觉型、直觉型四种。这些词毫无疑问都是重要的,我们应该先把它标出来,然后确定它们的意义:荣格所谓的"思维""情感""感觉""直觉"究竟是什么意思,它们的内涵和外延各是什么。

我国古代所谓的"诗眼"常常也属于这种字。比如,"红杏枝头春意闹"的"闹"字,"绿杨烟外晓寒轻"的"轻"字,"春风又绿江南岸"的"绿"字。还有像小说《红楼梦》中,有不少人物被作者冠以"呆""傻""痴"等貌似贬义的词,这些词的含义也都是很独特的。

其次,标明一书中最重要的句子,并搞清其所包含的主张。

这个工作是上面一项工作的扩大,它的意义与上项相同,是为了弄清作者所想表达的究竟是什么。了解了作者所想表达的思想,我们也就有可能明白作者是如何来表达他的思想的。

比如我们读鲁迅的著名文章《为了忘却的记念》[①],首先要考虑"为了忘却的记念"这句话含义是什么。从表面上看,这句话的意思是说,写一点文字作为纪念,目的是为了把这件事忘却。但是作者为什么急于要"忘却"呢?又为什

---

① 此文入选沪教(试用)、沪教(试验)和鲁教版高中语文教科书

么要用"记念"的办法来帮助"忘却"呢？原来作者想要表达的，是积压在心头的悲愤太深太重，简直不堪负担。这句话的真实含义不是要"忘却"，恰恰是对青年志士流血牺牲的事件不能忘却。搞清楚了这层意思，我们也领会到作者是在用正话反说的方法来表达心中的情感。这就不但理解了作品所表达的思想，也体会到了作者的写作技巧。

再次，思考作者的结论。

当我们已经了解作者的用辞及主张后，我们就该更进一步深入地思考所有这些东西汇集起来是个什么样的结论。这个结论，应该说，也就是作者试图解答的问题。我们可以思考：这个问题作者是否成功地解决了？有没有新的见解？等等。做完以上三项工作，也就完成了分析思考的第二步。这时候，可以说我们是真正地追上了作者。现在，我们有了和他争论并表示己见的机会。

分析思考的第二步工作，是非常细致的工作，须对作品仔细研读方能完成。

（3）判断和批评

做完了上述工作，我们便可以表示自己对作品的态度了。这时候，我们将运用理智而不是单凭感情来对作品下判断。一部书好，好在什么地方，是思想深刻，还是观点新颖？一部书不好，又不好在什么地方，是描写失当，还是逻辑混乱？由于这项工作是在彻底了解全书的基础上作出的，所以批评就完全是出于理智的，从作品出发的。

深度阅读的基本方法

（1）反复阅读

反反复复地读一本书，就是通过多次视读加深印象，以达到对书本的了解和熟悉。

英国诗人哥尔德斯密斯说:"每当我初读一本好书,就仿佛结交了一位新朋友;而当我重温一本好书时,又好像与一位老朋友重逢欢聚。①"这里所说的"旧友重逢"的感觉,就是不断唤起原有的记忆,使其变得清晰而牢固。

(2) 背诵记忆

有不少人认为,背诵是一种"死读书"方法。其实背诵是加强记忆的好办法,当我们所读的书本中有必须记忆的内容时,背诵将提供很大的帮助。

不要以为只有诗歌才需背诵。背诵是一种手段,它可以在其他各种体裁中使用,以帮助我们阅读记忆。读出声来,"舌头和喉咙的知觉,都成为记忆的线索,而且因为自己可以听到自己的声音,随着声音的抑扬顿挫和音量大小,全可帮助记忆②"。

在喧闹嘈杂的环境里,背诵还是一种"抵抗",既抗拒着外来的干扰,也抵御着自身的思想涣散。尤其是在头脑不清醒的时候,更应当清楚地读出声来,这是因为朗读会给大脑以刺激,思想易于集中于一点,整个身心好像进入了"临战状态"。

(3) 圈点批注

圈点是在书的字里行间作记号,以表示某种意义。古人在文稿上圈点还含有作句读的意思,现代文和古文的标点本就没有这种意思了。

---

① 哥尔德斯密斯. 世界公民. 转引自作家与读者[A] P17. 英国布兰德福德出版社. 1984

② 多湖辉. 读书记忆术[M] P45. 台湾大坤书局. 1986.7

批注不是记号,而是文字。

图书正文上端有一道白边,称为"书眉",在书眉上写读书心得、评语、订误、校文和音注等称为眉批。

插在文句中间的注解,叫做夹注。

眉批和夹注合称批注。

有些人出于对图书的爱护不习惯在书上做批注,这是错误的。

拥有书本有两种方式:一种是持有,也就是买下;另一种是吸收书本中的知识。

持有书的意义,就是你拥有了一些"木质纸浆"和"油墨",那是毫无用处的。就如把一堆食物从店里移到家中一样,在吃完这堆食物,消化吸收,进入血液之前,并没有得到这堆食物的养分。书本在没有吸收其知识之前,也不能算真正拥有。所以有人说,以不在书上书写作为对书的爱惜,表现的是对"纸张""装订"及"字体"等物质上的装潢及精美印刷的崇敬,也就是对印刷人的技术之敬仰更甚于对作者的才学的重视。

在书本上点划绝不是对书的破坏,相反,它的益处很多:

第一,它可以保持清醒。这种清醒包括意识清醒和思维清醒。在疲劳、厌倦等因素影响阅读的时候,圈点批注有助于保持意识清醒;而意识清醒的时候,圈点批注也可帮助我们整理思路。

第二,它可以强化思考。圈点是思考的标志,反过来,它也能促进思考。阅读是一种思考的行为,而思考是用语言或书写来表达的,一本被写满记号的书,常是一本被彻底思考过的书。

第三,它可以帮助记忆。假如阅读曾经中断,或过了一段时间后重新阅读,圈点有助于回忆起曾思考过的问题,以及作者所表达的思想。恰如继续被打断的谈话,最好能有清晰的记忆,而圈点就是很好的备忘录。

以上三点都是圈点批注的好处。但是,如果我们把记号做在纸上的话,好像也可以起到这些作用,下面这一点就是专门讨论写在纸上和写在书上有些什么不同。

第四,它可以永远留存。假如把批注写在纸上,远没有写在书上简捷省事,更重要的是,写在这些地方的圈点批注可以永远留存在书上而成为书本整体的一部分。

我们现在所看到的"夹注本""三家评本"等,都是古人在阅读时作圈点批注的功绩。

综上所述,书本上的空白之处并非神圣不可侵犯,这个基本道理我们应该接受。当然,如果不是自己的书,或者虽然是自己的书,但却是珍本、善本等特殊的收藏本,那就不做圈点。或者有人特别不喜欢在书本上点画,那也可以不做。

圈点和标点符号不一样。

标点符号有统一规定,任何使用现代汉语的人都必须遵守,否则即为不规范,或者是错误。也因为有统一规定,标点符号的含义人所共知,它和字形、字音、字义一样,约定俗成,不可随意变通。

圈点所用的符号则没有统一规定,每个人都可以根据自己的习惯来作记号,这些记号的含义也不与他人共通。不过,有一些记号由于长期为多人在同一意义上使用,逐渐也有了一点约定俗成的味道。只是它的程度远不能与标点符号相比,个人完全可以不遵守,甚至可以反其道而行之。

圈点常用的记号有点、线、圈、几何图形、标点符号、字母与数字等。

点,主要是指在文字的下面加点,通常指论述中的主要论据,或者是对定义、观点、要点的重要说明。

线,则有单线(——)、双线(══)、浪线(～～)、浪线加单线(～～)等变化,分别指书中的要点、定义、论述得好的部分和既重要又精彩的论述。

圈(○),往往指关键词句。

几何图形常用的是三角(△▲),△多表示结论;▲多表示要注意之处。

标点符号在作圈点时用,已失去了其原来的语法意义,而另有指代。比如感叹号常表示精辟;问号表示需要认真考虑和理解的地方;双问号表示对其观点论据或逻辑推理的正确性存疑问,等等。

也有用字母或数字来作圈点记号的,如 M(Memory)表示此处必须记忆;在页边空白处编号,用以指明作者论述某一见解时归纳的各要点。

可以用于圈点的记号很多,读者完全可以依据自己的爱好和习惯来使用,但是什么记号表示什么含义必须固定下来,同一个记号不能今天表示这个意思,明天又表示那个意思;也不要用几个记号表示同一个含义,这样做容易造成记号和含义的混淆,最后导致自己也弄不清楚。特别是隔了一段时间后,那些信手拈来的、不固定的记号,会成为一堆什么意义也没有的符号,那么前面所做的圈点也就白费了。

(4) 抄写与做笔记、卡片

我们现在都很不愿意抄书,的确,现在图书资料这么丰富,借书既容易,复印也不难,网上下载更是信手拈来,谁还抄书呢?

但我们应该知道,抄写是一种手段。这种手段不仅可以用于复制书本上的内容,还可以用于加深记忆。

书写能加深记忆是有心理依据的。

某大学教师在授课时遇到过这样的情况:当他在黑板上写英语专门术语时,会突然想不起来。如果离开黑板回到讲台上,拿起钢笔写这些字,却能很顺利地写出来。这是什么道理呢? 就是因为他曾经用钢笔写过这些字,书写的动作唤起了他的记忆。

人的所有感觉都可以充分用于记忆。除了视觉、听觉、触觉、嗅觉和味觉外,运动觉、压迫觉、痛苦觉也都能成为帮助记忆的线索,尤其是手。手的感觉可以包括指尖压迫感、运动觉、指尖活动,等等。阅读时,如果用了抄写的办法,手便成为记忆中极其重要的线索。

明代文学家张溥,就是采用抄写的办法来加深记忆的。他每读一篇文章,便抄一遍,读一遍,烧掉;再抄,再读,再烧掉;直至烂熟于心。明末清初的大学者顾炎武曾经把 355 卷的《资治通鉴》全部抄写一遍。

动手书写除了照抄原文外还可以做笔记或卡片。

笔记和卡片所起的作用基本相同,笔记大多是以一本书为单位,内容是综合性的,适合写篇幅较长的东西;而卡片是分门别类的,不以一本书为单位,适宜记录比较短小的内容。

笔记往往写心得的居多，而卡片则是记录书本内容的居多。

笔记便于发挥，卡片宜于查找。

笔记和卡片一般为四种类型：

摘录式　把阅读材料中重要或精彩的部分抄录下来。这是原始资料，要力求准确，一个标点符号也不能错，以保证今后引用时准确无误。

提要式　用自己的话把阅读材料上的内容概述一遍。与上一种相比，这种类型的笔记卡片难度较大。它首先要求概述时准确无误，同时还要求简明扼要，既不能遗漏，也不能啰嗦。

索引式　把书目或文章篇目记录下来备查。这项工作也要求准确无误，否则不仅无从查找，还会浪费好多时间精力。

读后感式　把阅读时的感想、体会、心得或疑问、批评等写成短文。这种类型比较适合用笔记的形式。

无论是笔记还是卡片，无论是上述哪一种类型，都要注明阅读材料的作者、书名（或篇名）、出版单位和出版（或见报）日期。如果是摘要式或者其他几种类型需要，还要标明页码。

不论笔记还是卡片都不要使用铅笔。

如果是卡片，注意不要把几个问题记在一张纸上。要编号归类。用完放回原处。

3. 综合阅读

综合阅读属于阅读的最高层次，它是最积极和最有活力的一项阅读方式，同时也是最费力气的。

在这一层次中，我们不只是读一本书，而是读好多本书。我们按某一特定主题的关系排列,直至对那一主题完全了解为止。

具体说来,我们可以综合某个人的所有作品,对它们进行比较阅读。比如,我们确立的主题是:论于漪的教学思想。然后,我们就读于漪的各种文章,在比较中找出它们的特点。

我们也可以搜集有关同一主题的各类著作,对它们进行综合阅读。比如,我们确立的主题是:语文教学方法论探究,就必须把可以找到的有关方法论的著作找来阅读。

综合阅读在前面几个层次阅读的基础上才能完成,但是用于综合阅读的读物并不需要每一本都进行深度阅读。如果我们手头有了一大堆书,我们要做的第一件事便是把所有的书都检视一遍,也就是做一次初步阅读。在这之前,不要轻易对任何书作深度阅读,否则,定会造成时间和精力的浪费。经过初步阅读以后,我们对于自己要了解的东西——也即我们的主题所需要的材料在何处已有了一个大致的了解,以后在对某些书作深度阅读时就可以单刀直入,免去翻检寻找的麻烦,节约时间。而另一些不必要细读、甚至不必要再读的书则可以先行排除。

很明显,综合阅读的难度要大大超出前面两个层次。不仅读物数量上从一本到数本,而且阅读过程中读者与读物的位置也大不相同了。如果说,前面几个层次处于主导地位的是读物的话,那么,这一层次的阅读,处于主导地位的却是读者。在前面,是读者尽量去理解书本的内容;在这里,读者却要有所选择。深度阅读也是积极的,但是当我们作深度阅读时,我们是学生而书本是老师;在综合阅读中,我们却站到了指导者的立场上。我们按照我们所确立的主题去选择书本、也选择书本中的内容。如果说,前面几个层次还是循序渐进的话,这一层次则是一个飞跃。

第四节　书面语言的表达能力

一、书写能力

(一) 硬笔书写

书写能力的强弱表现在准确、速度和美观三方面。课程标准对此都提出了要求。

准确指文字书写不出现错误。

初中课标规定:第一学段(1—2年级)要"掌握汉字的基本笔画和常用的偏旁部首,能按笔顺规则硬笔写字,注意间架结构"。

速度指相同时间单位内完成的书写内容的多少,或者指完成同等质量的书写内容所花费的时间的多少。

初中课标规定:

　　第一学段(1—2年级):会写800—1 000字。

　　第二学段(3—4年级):2 000个左右,"能用硬笔熟练地书写正楷字"。

　　第三学段(5—6年级):2 500个左右,"有一定的速度"。

　　第四学段(7—9年级):3 000个左右,"提高书写速度"。

美观指字迹的"规范、端正、整洁"(第二学段),"行款整齐"(第三学段)。

(二) 文字输入

能否熟练地在电脑上输入汉字,已经成为语文能力的重要标志。不仅应该在计算机考试的时候提出要求,也应该在语文素养上提出这方面的要求。

初中课标对文字输入的要求是:

> 第二学段(3—4年级):有条件的地方,可学习使用键盘输入汉字。

这个在10年前提出的要求,目前来看可能有点滞后。尤其是在"有条件的地方"。中国消费者协会2009年6月28日在北京公布了一项该协会所做的问卷调查,调查显示:北京、上海、天津、重庆四个直辖市的家庭电脑普及率为40.6%。其中近两年来购买电脑的家庭数量,是此前购买电脑家庭总和的两倍多。尚没有电脑的家庭,有62.5%打算购买电脑;已有电脑的家庭,仍有近22%想购买新的电脑。根据这个数据,到2011年,大城市的家庭电脑普及率将接近80%——还未包括新的增长趋势。如果在有学龄孩子的家庭中统计,比例会更高。

目前情况下,汉字输入技能一般是以"习得"的形式获得的。没有规定的指法,也基本没有专门的教授,但大部分学生都能像学会说话一样地学会电脑汉字输入。对这一技能提出更高、或更明确的要求应该是可行的。

(三) 关于软笔书写艺术化的建议

长期以来,软笔书写一直被作为传统文化的象征,不断有加强这方面训练、提高这方面要求的呼声。课程标准也对这方面提出了要求。

1. 软笔书写的要求

初中课标规定：

  第二学段(3—4年级)：用毛笔临摹正楷字帖。

  第三学段(5—6年级)：能用毛笔书写楷书。

  第四学段(7—9年级)：临摹名家书法。

也就是说，软笔书写在校的学习时间是从小学三年级开始，持续到初中三年级，总共7年时间。

2. 软笔书写的实际情况

尽管课程标准中有关于学习软笔书写的规定，但实际上并非每个学校都在贯彻执行。有的学校只开设书法兴趣课，让学生报名参加，一周一次，一次一小时。

3. 软笔书写的艺术化

(1) 建议软笔书写艺术化

软笔书写是中华文化的瑰宝，但随着社会的发展，软笔已退出日常书写领域，这是我们必须正视的一个事实。尽管在某些特殊场合，比如隆重活动的签到之类，还会出现软笔书写，但大部分人也是以"软笔"——而不是毛笔——来对付的。就如同书法是艺术一样，软笔书写在日常生活中，也已成为一种表演性、艺术性的行为。学校教育可以将其列为欣赏对象，在语文课或艺术课上让学生欣赏，或适当体验一下，以利于更好地欣赏。更可以在课外成立书法兴趣小组，让有兴趣、也有一定天赋的学生学习书法。不必让全体学生在长达7年的时间内进行练习。

(2) 软笔书写艺术化的理由

实际上的无效

尽管学习软笔书写的时间长达7年，但实际收效甚微。

如果没有课外的学习,仅靠语文课上的练习(包括语文课所要求的课外练习),要写一手像样的软笔字是不可能的。更糟糕的是,7年的软笔书写并不会对硬笔书写产生明显影响。这样,一方面,偶然需要软笔书写的时候(比如题词、签名之类),学生仍不能有一手拿得出的软笔字;另一方面,平时使用的硬笔书写也不能因此而进步。花在软笔书写上的时间基本上白费了。

也许有人不赞成学软笔书写浪费时间的说法,认为书法是艺术,学了一定没有坏处,怎么能说是浪费时间呢?问题就在于我们的时间是有限的。如果我们有无限的时间,那不要说学习软笔书写,再学点别的,也总是有益的。现在的情况是,我们的教育时间极其有限,而现代社会又是知识爆炸的社会,有多少东西等着我们去学习,而且有些东西往往还是非学不可的,比如电脑技术,不学习就无法在现代社会正常生活。因此我们不得不有所舍弃。否则,人类5 000年的文明成果全部要放在学生的书包里,那后果只能有一个,那就是把大家全都压垮!

科技进步的必然

人类书写的历史是随着生产力的发展而不断进步的,总体是朝着越来越简便的方向发展。从中华民族的书写工具来说,笔、墨、纸、砚都有个发展的过程。

古人在纸上写书,是很后面的事。开始,字是刻在龟甲上的,距今已有三千多年历史,我们称之为"甲骨文"。后来,人们觉得有些重要的文字应该有更好的载体,于是便把它刻在青铜器上,我们叫它"金文"或"钟鼎文"。

我国最早的图书,出现在周代末期,但它也不是写在纸的(那时离纸的发明还有 800 多年),而是刻在竹片或木片上,再用绳子把它穿起来,称为简策。一捆捆的简策很是笨重,体积也大。

除了刻在竹头木片上的书,还有刻在石头上的,传世最早的是秦国的石鼓,上面镌刻着篆书,叫"石鼓文"。大概书刻在石头上,给人的感觉比较稳重庄严,古人喜欢把经典刻在石头上,称为"石经"。比如东汉的"熹平石经",三国魏的"正始石经",唐的"开成石经",五代后蜀的"孟昶石经",北宋的"二体石经",清乾隆的"十三经"等。

大约在春秋末年或战国初年,出现了书写在缣帛(也就是丝织品)上的书。这可比竹木石头轻便多了,可是缣帛的成本比较昂贵,所以帛书并没能立即取代简策,相反,两者同时行用了一千多年。一直到东晋末年,政府下令停用简策,这才确立了以纸作为主要读物载体的地位。有了纸,装订成册,就是我们今天所谓的纸质读物了。

同样的道理,书写工具从软笔到硬笔,从蘸水笔到钢笔,再到圆珠笔、水笔,宗旨就是便于携带,便于书写。

当新的、简便的工具发明出来后,旧的、不那么方便的工具被淘汰是很自然的事。软笔书写作为艺术,它应该保存,也应该有人学习,但决不是全民皆学,而是有一部分人学,就像现在的其他艺术门类一样。软笔作为工具,应当承认,它已经退出历史舞台了。

继承民族文化的误读

坚持要让学生学习软笔书写的最坚强的理由是继承民族文化。诚然,软笔书写是我们民族文化中很有价值的一个内容,但这并不等于说就必须让它成为课堂学习的内容。

事实上，博大精深的中华文化，是不可能一下子全部放在课堂上的。就书写技术而言，软笔已基本停止使用，淡出江湖，要求每个学生去学，缺乏有力的根据。如果说是传统书写方式，就必须继承的话，那软笔之前还有篆刻，那也是民族文化，如果现在要求每个学生学习篆刻，相信大部分人都会觉得有点过分，其实软笔也是同样的道理。

2010年12月武汉大学国学班招生考试，出现了"满纸繁体字"的考题。2011年2月12日上午，复旦大学自主招生水平测试（千分考），语文第一题就是辨别繁体字书写错误。2月13日，15位江苏省政协委员提案建议给中学生、大学生进行繁体字"扫盲"，特别是大学一年级新生，不论文理科，都要学一年繁体字和异体字[1]。21世纪教育研究院副院长熊丙奇撰文商榷，提出三点异议：第一，增加繁体字教学，可能增加中学生的负担。第二，大中学校给学生开设什么课程，属于学校的办学自主权范畴。政协委员提案，让政府部门要求学校开设怎样的课程，涉嫌侵犯学校的自主权。第三，要求大中学校学生必修繁体字，与我国推广普通话与简体字的方向背离。指出："在大学里推广繁体字，更多的是形式主义。"他提出的"更符合现实的建议"，是"可以增设繁体字学习的选修课"[2]。相比较那种以为热爱民族文化就是向后看的简单化思路，这应该说是冷静客观的。这个思路和我们所提出的软笔书写艺术化的建议完全一致。

---

[1] 现代快报.2011.2.14
[2] 熊丙奇.必修繁体字有必要吗.[C]新闻晨报.2011年2月15日 A23

二、一般文字表达

一般文字表达指日常生活所需要使用的文字，可以分为几个层级：

1. 基础层级：标识性文字，如路牌、公交车站牌。
2. 中底层级：告示类文字，如商品说明书、ATM机操作系统提示等。
3. 较高层级：文书类文字，如公函、报告等。

一般文字表达是日常生活中最常用的，但由于它不像文学作品的语言那么精致，常常被忽视。比如，某宾馆张贴的告示："公共场所禁止黄、赌、毒"。这个表达是非常不正确的，它所加上的限制（"公共场所"），使得黄、赌、毒成了可以在私人场合进行的活动。中国银行《境外汇款申请书》上有个栏目，要客户选填"对公"还是"对私"。这个"对"字，明确地指向客户汇款的对象，但实际上它所指的，却是客户本身是"公"还是"私"。"公"和"私"这种提法，本身就是极不准确的，何况加了莫名其妙的"对"字。类似这样错误的文字表达可说屡见不鲜，暴露出执笔人文字表达能力的低下。可惜我们很少对这种语文能力进行培养。

三、特殊文字表达

我们把有别于日常生活中有实用意义的文字表达的文字材料称为特殊文字表达。文学作品是一种特殊的文字表达。这种文字表达之所以称其为"特殊"，一是因为如上所说的缺乏"实用意义"——不包括对人类文明的意义这种广义的"实用"；二是因为对某些有天赋的人来说，进行文学创作,"可不必读许多书,识许多字。如八指头陀作诗中有酒壶,写不出壶字,即画上一壶酒,仍不碍其为一绝代的诗人①"。文学创作的这些特殊性,使它成了生活中的一种特殊的文字表达:永远只有一部分人在运用的文字表达。

还有一种更加特殊的文字表达,那就是作文。

作文是学习文字表达的途径,也形成了一种特殊的文体。

初中课标规定:

第一学段(1—2年级):写话。

第二学段(3—4年级):习作。

第三学段(5—6年级):记实作文,想象作文,读书笔记,常用应用文。

第四学段(7—9年级):写作(记叙文,说明文,议论文,日常应用文)。

我们称为"一般文字表达"的文本都是有实用意义的,大部分的作文(除了课堂上其实很少写的"常用应用文"之外)显然不在其中,但作文又不是文学作品。这种特殊的文体离开学校的环境可以说是"百无一用"。它存在的唯一意义,就在于它是学习文字表达的工具。

2000 年初的《语文教学大纲(试用修订版)》有"淡化写作知识教学的特点",强调"小学作文淡化文体意识,少写命题作文,鼓励不受拘束地表达"②,这是非常有意义的。语文素养的要义之一是要有好的表达,而不是仅仅会写好的

---

① 陈哲.科学的读书方法[M] P9.台湾汉威出版社 1986.3
② 陆志平.语文课程新探[M]P19 长春.东北师范大学出版社.2002.6

作文——对于前者,我们忽略得太多,为作文而作文,导致有的学生可以写出"李白,你乘着风而来,又邀着月而去"之类的"美文",却在说话时出现"她对她的丈夫进行了分居"①这样的句子。

能否写好作文,早就成为衡量语文素养的标尺,在中考和高考中使用了。文学创作能力从理论上说应该也是语文素养的表现,只不过由于它的特殊性,呈现的情况比较复杂,较难作为衡量标准。不搞文学创作的人不一定语文素养不高(也许他是专事理论研究或别的工作的)。

综上所述,语文素养的内涵是非常丰富的,它包括口头语言的接受和表达,也包括书面语言的接受和表达。口头语言的接受要求完成信号转换,建立基本的沟通渠道;能准确捕捉口头语言所发出的信息;能领会言外之意,作出正确反应。口头语言的表达要求会说、能说和敢说,要能准确、流利、有感情地进行朗读和诵读;能以演讲、发言等形式有感染力地表达自己的思想感情;能在口语交际中文明得体地和他人多向交流。书面语言的接受要求在初步阅读的基础上进入深度阅读,并具有综合阅读的能力。书面语言的表达要求能准确、规范、流利地进行硬笔书写,文字输入熟练,在一般文字表达时准确、简洁、明了,并能进行特殊的文字表达。诸种能力是一个合体,构成人的语文素养;同时,就人的个体来说,诸能力间的发展又是不平衡的,很少有人在语文素养所要求的诸能力中都达到最高层级。

---

① 2011年1月上海电视台纪实频道某主播语。

同时必须指出的是，我们所说的语文素养都只在能力层面，而没有涉及文化修养。毫无疑问，文化修养和语文素养的关系是非常密切的。一般来说，文化修养越高，语文素养也越高。关于文化方面的问题，我们放在第二编里面讨论。

第二编　语文教师的素养

第一章 语文教师的理论修为

第一节 理论修为的意义

对有些教师来说,理论不见得是讨人喜欢的东西。原因有二:第一,繁重的工作使他们把理论学习看作是额外的负担,除非有外力推动,否则就放弃了这方面的努力。其二,是对理论的认识存在误区,认为所谓的理论就是些客里空的口号,对实际工作意义不大,所以也不在这方面下工夫。其实理论并不是空洞的口号,它本身就是丰富的知识贮备,而且它对我们的工作有直接的、至关重要的指导意义。

一、理论是一种知识储备

对语文教师而言,需要贮备的理论知识至少包括以下几个方面:

(一)政策性文件

我们从事的教育工作是在政府有关部门的领导下进行的,相关的政策性文件是我们工作的纲领和理性阐述。比如,2001年6月经国务院同意教育部颁发的《基础教育课程改革纲要(试行)》,2001年颁布的《全日制义务教育语文课程标准(实验稿)》,2003年颁布的《普通高中语文课程标准》(实验),2010年颁布的《中国教育改革发展中长期规划(2010—2020)》等。这些文件对我们的工作都有指导意义。因为这些文件都是高瞻的、上位的,针对范围非常广的,所以我们不大能够在其中发现具体的、有操作性的表述。这让一些老师觉得知道不知道问题不大;或者知道个大概就可以了。实际上,正是这些纲领性的文件,引导着中国教育发展的大方向,也关联着我们每一个具体的教育实施,这是必须要掌握的理论素养。

(二) 学科知识

中国语言文学是语文教师重要的学科知识。它的内容非常丰富。从学科分类的角度,汉语言文学是一级学科。下面的二级学科分类有汉语言文字、文艺学、中国古代文学、中国现当代文学、世界文学与比较文学等。

汉语言文字包括广义的语言学(含语言文学)和狭义的语言学。后者宏观的有普通语言学、应用语言学、类型语言学等;微观的有语音学、形态学、语法学、词汇学、词源学、词典学、语义学、文字学等。

文艺学又叫文学学,有三个主要组成部分:文学理论、文学史和文学批评。

世界文学与比较文学相对中国文学而言(注意:这不是两个对等的概念),包含除中国以外的其他很多国家的文学等。

所有这些学科中的任何一个分支,都是难以穷尽的,但又都是语文教师所需要的素养。我们必须有一定量的知识储备,才能胜任我们的工作。

(三)教育教学理论

作为语文教师,如果说"语文"二字向我们提出了学科知识的要求的话,那么"教师"二字,则又向我们提出了教育教学理论上的要求。举凡教育学、课程论、学科教学论这些相关的理论,都是语文教师应该涉足的。

(四)相关知识

常言道,文史不分家。在秦汉之前的中国文化中,文学、历史和哲学是不分彼此的。我们作为早期文学作品来学习的《左传》《史记》,就其本质而言,当是历史无疑;而诸如《老子》《庄子》之类的文本,又是中国古代的哲学名篇。尽管之后文史哲逐渐分流,但它们之间还是有千丝万缕的联系。一个优秀的语文教师,必须具备这方面的素养。

二、理论是教学行为的理性支点

不少教师认为,理论只是口号,和实际操作没有关系。这种想法其实是错误的。理论永远是一切教育行为的理性支点,没有这个支点,教育很可能就是一种无意义的模仿。

比如,高中课标中有这样的表述:"建设开放、多样、有序的语文课程体系。"看起来非常简单的一句话,背后却至少有三个空间。真正理解了新课程的理念,就应该能把握好这三个空间。

第一个是教材编写的空间。课程改革放弃原来的统编教材,允许一纲多本,这就是给了一个开放的空间。教材可以由组织或个人来编写,但若要投入使用,则须经过审查,而审查时的重要标准,就是看教材有没有自己的特点。这又从另一个角度保证了"有序"和"多样"。

第二个是教材选择的空间。打破统编教材的局面,教材必然丰富多样起来,以高中语文教材为例:根据《普通高中语文课程标准(实验)》编写并经全国中小学教材审查委员会审查通过的课标版教材,就有山东人民出版社的《普通高中课程标准实验教科书·语文》(简称鲁人版)、人民教育出版社的《普通高中课程标准实验教科书·语文》(简称人教版)、江苏教育出版社的《普通高中课程标准实验教科书·语文》(简称苏教版)、语文出版社的《普通高中课程标准实验教科书·语文》(简称语文版)、广东教育出版社的《普通高中课程标准实验教科书·语文》(简称粤教版)5种;另有北京师范大学出版社的《普通高中课程标准实验教科书·语文》,原为作家出版社编写,后转让给北京师范大学出版社。这套教材虽经审查通过,但因故未投入使用。还有上海市二期课改后华东师范大学出版社出版的两套教材《高级中学课本·语文(试验本)》和《高级中学课本·语文(试用本)》。这就为全国的各个省市提供了选择的空间,形成开放、多样的局面。

第三个是教材使用的空间。因为课标规定必修课要在高中阶段的2.5个学期中完成,因此教师普遍反映教材的内容多了,来不及上,有的老师甚至用加班加点的办法来赶着完成。其实,本着开放、多样的原则,教师有权、也应该对教材的使用作出自己的选择。教师如果放弃自己的选择权,转而建议专家不要讲理念,就讲哪些课文要上,哪些课文可以不上;哪些课文要精读,哪些可以略读,这正表现出对新的教育理念把握不到位的情况。

理论不是空话,它最终是要影响我们的教学实践的,而且它还会使我们的教学实践更上一层楼,是我们教学实践的指导,所以语文教师素养的第一条,就是要有理论修为。

第二节 理论修为的方法

一个人的理论素养不可能与生俱来,它一定是通过一定的途径和方法获得的。这样的途径和方法应该有很多,下面试举数例:

一、积累

我们在讲理论是一种知识积累的时候例举了一些理论性知识的范畴,不难看出,这里面浩如烟海,正所谓"知也无涯"。但我们又必须有一定的理论知识储备,因为理论分析是建立在对事物的认识的基础上的,对事物的认识程度的深浅在于分析者理论水平的高低。没有理论的积淀与贮存,就不可能有出色的教学行为。语文教师要有好的理论修为,必须靠平时有意识的积累,"平时不烧香,临时抱佛脚"也有一定的可行性(我们将在下面讲到),但不是长久之计,为教师的专业发展着想,积累是必不可少的。我们平时讲触类旁通、融会贯通,都有一个"通"的问题,有积累才能"通"。

"哪有时间"是不少教师缺少积累的第一挡箭牌。诚然,在一线工作的教师的确非常辛苦,时间很紧张,但如果有意识要读点书,作点理论积累的话,还是可以设法的。有人建议,可以把一天的 24 个小时以 10 到 15 分钟为单位,分成若干格,然后在每一格后面填上相应的活动内容,如:

时　　间	活动内容
6:00—6:15	起床、漱洗
6:15—6:30	早餐、出门
6:30—6:45	去学校的路上
6:45—7:00	到校、做准备工作

一天之中，总有那么几格，既不在上课，也不在改作业；既不在吃饭，也不在睡觉——这就是可以利用的时间。哪怕每天有一格时间用于理论积累，假以时日，收获一定是相当可观的。

二、思考

要提高理论修为，养成抽象思维习惯非常重要。抽象思维比形象思维更具科学性。2010年上海中考语文卷现代文阅读中有一篇题为《中国红为什么这么红》的文章，中间有这样的内容：

> 光学实验表明：光线的波长越短，散射作用越强，光线的波长越长，散射作用就越弱。在可见光中，红光的波长最长，空气对红光的散射作用最弱。也就是说，红光的穿透力最强，可以传得最远。

这段话就是抽象思维的表述，它的科学性很强，在目前我们所掌握的科学知识范畴内，这可以说绝对正确，放之四海而皆准。我们再看同样在这篇文章中的另一段话：

> 红色最热烈、最活泼、最鲜亮、最艳丽、最精神，能教人双眼一亮，印象深刻，是无可取代的最适合喜庆的颜色。

这就不是科学语言,也不是抽象思维的结果,而是主观感情的表达。它没有经过、可能也经不起科学的检验(世界上有不少国家,红色不是喜庆的颜色,而是禁忌的颜色)。文学作品是一种感性表达,理论却是抽象思维的成果。抽象思维能力的强弱,直接关系到个人理论水平高低。

比如唐代诗人金昌绪,曾写过一首《闺怨》:

打起黄莺儿,莫教枝上啼。啼时惊妾梦,不得到辽西。

这首诗是非常形象的,"写了少妇在睡前赶走树上黄莺这一细节,却把战乱时期一个独守春闺、不堪凄寂的怨妇,思念远征丈夫的复杂心情表现出来,其中有爱,有恨,有怀念,有怨怒"[①]。"少妇在睡前赶走树上黄莺",是有形的,可感的;爱、恨、怀念、怨怒,却是无形的。小诗将无形的情感用有形的动作表现出来,批评家却从有形的动作中抽象出无形的情感。就在这样的过程中,作者所要传递的情感准确地传达到了读者的心中。我们还可以把这首小诗进一步抽象化。少妇睡前赶走树上鸟儿这个动作,表现的是一种追求的努力,她希望这份付出可以换回她所要的东西;然而,她所要的又是什么呢?不是现实中的和丈夫团聚,而是一个梦境。这就暴露出了目标的虚妄。从理性的角度说,赶走了的黄莺能保证不再飞回来么?即使鸟儿不叫就能保证有梦么?即使有梦就能保证梦见丈夫么?然而,作品中人是非理性的,而作者正是通过她的非理性表达了自己对生活的理性思考:人生如梦,我们时常付出追求的努力,但

---

① 江曾培.给人以艺术欣赏的空间.文汇报.2000年4月29日

所追求的却是虚妄的目标。

从这首小诗我们可以看到,如果没有抽象思维的能力,就不能进行深入的文本解读。承担教育科研任务,当然更需要抽象思维的能力。就如同体魄需要锻炼一样,头脑的思维能力也是需要锻炼的,经常有意识地进行抽象性的思考,对提升理论水平应该是大有裨益的。

三、学习

这里指的是突击学习,也就是针对自己所思考的问题和想写的文章有目的地学一些理论著作,和上文的积累互为补充。

人的学习动机可以以目的为标准分为三类:

(一) 发展性学习

发展性学习即以增长知识、提高修养为目的的学习。当我们读书的目的是为了增长业务知识,或者为了让自己更具素养的时候,我们即在进行发展性学习。这种学习往往没有直接的功利作用,是一种长期的、积累性的工作。我们在"积累"这一主题词下所说的,就是基于这种目的的学习。

(二) 功能性学习

功能性学习即以解决眼下的具体问题为目的的学习。它包括工具书的使用和有关资料的查询等。这是比较常见的一种学习形式。它见效快,但效应期可能比较短,而且计划性较差。我们在这里讨论的"学习",就是基于这种目的的学习。

这可以说是"临时上轿穿耳洞"的应急行为,但也有它的好处——哪怕是临时穿上的耳洞,只要及时,可以戴上漂亮的耳环,新娘总会更亮丽一些的。更重要的是,针对问题进行学习,也是我们所需要的一种能力。所谓"磨刀不误砍柴工",功能性学习对解决问题是大有好处的。

(三)消遣性学习

消遣性学习即以度过余暇时光为目的的学习。也就是毛姆说的"它既不能帮你获得学位,也不能帮你谋生;既不能教你怎样驾船,也不会教你怎样修机器,却可以使你生活得更充实①"的学习。它包括陶冶情操和调剂精神两个方面。这也是常见的一种学习形式。它是所有学习中最轻松、最无功利目的的。

古人对某些读书形式特别陶醉,比如,"红袖添香夜读书""雪夜闭门读禁书"。前者还可能是功利性的学习,后者却肯定是消遣性学习。

消遣性学习至少有三大好处:

第一个好处是"习以为常"。任何事情,做得多了就会养成习惯,同样,经常以读书来消遣,就会养成读书的习惯。这是一个好习惯。把闲暇的时间用于读书,不仅比用于某些不健康的消遣要好,而且"开卷有益",总会有一些收获。

第二个好处是"养精蓄锐"。人的精力是有限的,需要进行休整调剂,在这方面所花的时间决不是一种浪费,也即古人所谓的"一张一弛,文武之道"。用一种健康的方法来度过余暇时间,能使人更加精力充沛。

第三个好处是"积腋成裘"。知识要靠积累。有意识的

---

① 毛姆.读书应该是一种享受.毛姆读书心得[M]P3 上海.文汇出版社 2011.1

积累当然是主要的,而无意识中也会积累知识,虽说是消遣性学习,点点滴滴,聚沙成塔,积腋成裘,也会充实我们头脑中的知识宝库。

  一些理论工作者提出:"消遣作为文学审美功能的初级形态,理应在文论中占一席之地,这不仅将促进文论更新,同时,也是从美学上去确认大众化精神享受这一需求或权利。①"我们在养成读书习惯、提升理论水平的过程中,不妨把消遣性阅读也纳入其中,于中有意外收获也是可能的。20世纪80年代金庸小说风靡时就流传着这样一则趣闻:一个学生在上课时偷看金庸小说,被老师没收了。想不到却是孩子的爸爸前来讨还,因为他正在研究金庸小说。同样是阅读,阅读的是同样的文本,收效却可以大为不同。如果我们保持良好的阅读习惯,同时又有较高的阅读水平,即使是消遣性的阅读,没准也会"无心插柳柳成荫"。

---

① 夏中义.文艺理论研究 1992.5

第二章　语文教师的科研能力

当我们还被作为教书匠的时候,教育科研是不在"议事日程"内的,只要能"站好三尺讲台"就够了。皮亚杰在20世纪60年代曾说过:"中小学教师缺乏可资比较的学术声誉","一般的理由是:别人认为,尤其坏的是,他自己也认为,'学校教师无论是从技术和科学的创造性上来说,都不是一个专家,而只是一个知识的传递者,这是任何人都能做到的事'。①"这种情况随着教师专业化的进程很快得到了改观。

我国教师专业化的进程

1986年9月6日,国家教委颁发《关于中小学教师考核合格证书试行办法》。在第一条说:"为了贯彻落实《中共中央关于教育体制改革的决定》提出的'必须对现有的教师进行认真的培训和考核','要争取在五年或者更长一点的时间内使绝大多数教师能够胜任教学工作。在此之后,只有具备合格学历或有考核合格证书的,才能担任教师'的要求,有效地提高中小学教师的文化专业知识水平和教育教学能力,以适应我国基础教育发展和实施九年制义务教育

---

①　皮亚杰.教育科学与儿童心理学[M]深圳.文化教育出版社 1981

的需要,特制定本办法。"

考核合格证书适用于不具备国家规定合格学历的中小学(含农职业中学文化课)教师。考核合格证书设《教材教法考试合格证书》和《专业合格证书》两种。凡不具备国家规定合格学历的中小学教师,工作满一年以上者,可申请参加《教材教法考试合格证书》的考试;工作满二年以上并已取得《教材教法考试合格证书》者,可申请参加《专业合格证书》的文化专业知识考试。

1993年10月31日,中华人民共和国主席江泽民颁布中华人民共和国主席令(第十五号):"《中华人民共和国教师法》已由中华人民共和国第八届全国人民代表大会常务委员会第四次会议于1993年10月31日通过,现予公布,自1994年1月1日起施行。"

《中华人民共和国教师法》第三条明确规定:"教师是履行教育教学职责的专业人员。"从法律上奠定了教师专业化的基础。

1995年12月12日国务院第188号令颁布《教师资格条例》。

1997年教育专业硕士学位试点。

2000年9月23日,中华人民共和国教育部第10号令发布《教师资格条例实施办法》,并于2001年4月1日起实施教师资格认定。

从中不难看出,教师不再是"任何人都能做到的事",教师成了专门职业(Education as profassion),我们成了专业工作者。专业工作者的品质特征之一,就是要进行教育科研。这就让多少年来认为只有在高校和研究机构才做的科学研究,进入了中小学教师的职业生活。

教育科研提高了中小学教师的学术地位,但也对教师提出了相应的要求。

2001年10月中国教育学会中青年教育理论工作者专业委员会在山东师大召开第11届年会,研讨21世纪初中国基础教育改革与发展问题,特别提到要"正确对待基础教育教科研",指出"中小学教师必须正确处理好科研、教研与教学的关系""中小学教育科研是一所学校的品牌与实力的象征"①。

事实上,中小学教师要进行教育科研,就其研究位置而言,有着很大的优势。外来研究者对实际情况的了解往往比较肤浅,提出来的问题和建议往往无法切入问题的关键。而教师作为一个实践者,处于研究的最佳位置上。教师最主要的活动场所是教室。从实验研究的角度看,教室是检验教育理论的理想的实验室,教师可以通过一个科学研究过程来系统地解决课堂中遇到的问题。这使教师拥有了最佳的研究机会。同时,从自然观察的角度看,任何外来研究者都会改变课堂的自然状态,既要达到观察目的又要不改变原有的气氛与状态,就只有靠教师。因为教师本来就置身于教学中,对于教学活动,他不是一个局外人,他可以是掌握观察的方法、了解观察的意图而又不改变原来的课堂教学情景的最佳人选。凡此种种,都指向教师教育科研的有利因素,当然,也会有一些不利因素存在。比如研究时间、研究条件包括研究经验的不足等。

---

① 教育理论与实践.2001年第12期会议综述

第一节 教学科研的基本内容

教育科研的范畴非常宽泛,它可以涵盖教育的全部内容。但一般情况下,对于一线教师来说,教育科研更多地表现为教学科研。

根据笔者所接触到一些来自一线教师的研究,它们大致可以分为 10 个类别,试例举如下,供老师们参考:

一、宏观教学层面

宏观教学层面就是从比较大的角度来研究语文教育。这类课题的优点是理论性强、影响面大、意义深远;缺点是较难落实,易流于空谈。选择这类课题要求研究者有良好的理论素养和实验条件。

例如①:

(1) 基于"母语习得论"的语文教学

(2) 中学语文"碰撞式"教学法

(3) 十二年一贯制语文教改试验

(4) 追求教学的意义——语文教学一种新策略的研究

(5) 语文教育与个性培养

(6) 儒学思想与素质教育

我们看到,这些课题都比较大,最大的关联到"素质教

---

① 以下所举的例子均为笔者所搜集的一线语文教师的教科研题目,因为无法一一征求意见,故略去作者姓名。

育",小一点的关联到"语文教育",最小也关联到"语文教学"。其中,课题(1)(6),关于"母语习得论"、关于"儒学思想"都要求有相当的理论素养。课题(3)的教改实验则必须具备相应的实验条件。

二、听说读写训练

听说读写四大项,是中小学教师最为关注的问题,因此也比较容易选择这方面的内容作为研究课题。它的优点是实践基础好、实现可能大、操作性强;缺点是容易被感性材料所淹没,难以上升到理论高度。就目前的研究情况看,关注"听"的相对较少,"说"和"读""写"都有,而以后二者为多。

例如:

1. 关于"读"的研究

我们选编了三组这方面的课题,给大家作个比较:

第一组

(1) 中学生阅读需求及选择与语文能力

(2) 语文比较阅读探讨

(3) 探索阅读教学规律 提高课堂教学效率

(4) 中学生现当代作品阅读能力培育

(5) 阅读学法的指导

第二组

(1) "问题驱动"——阅读教学策略研究

(2) 当代阅读认知模式和策略的研究

(3) 阅读兴趣与网上阅读指导

(4) 议论文阅读训练与抽象思维能力的培养

(5) 关于确立阅读教学本位的研究

(6) 变被动阅读为主动阅读

第三组

(1) 语文课外阅读指导的研究

(2) 把课外阅读纳入高中语文课堂教学

(3) 初中语文课内外阅读一体化研究

这三组课题中,第一组的题目有的内容过多,如第1例"中学生阅读需求及选择与语文能力",光是连词就用了两个,可见它所涉及的内容之多;有的题目过大,如第2例"语文比较阅读探讨"和第5例"阅读学法的指导";有的比较空泛,如第3例"探索阅读教学规律 提高课堂教学效率"。

第二组选题比较好,虽然谈的也都是阅读问题,但论题往往聚焦在某个"点"上,如"问题驱动""认知模式""网上阅读""主动阅读"等,比较容易把问题讲深讲透。

第三组是内容基本相同的课题,但题目显然有高下之分。第3例"初中语文课内外阅读一体化研究"针对性比较强,第2例"把课外阅读纳入高中语文课堂教学"则存在明显问题。如果作者不是在表述上有问题,就是在理念上有问题。因为课外阅读是不能、也不应该纳入课堂教学的。

2. 关于"写"的研究

例如:

(1) "合作性写作"与能力培养

(2) 高中作文教学创造能力的培养

(3) 阅读写作互动关系研究与实验

(4) 构建"六步三变"式作文教学模式的研究

(5) 作文教学中求异思维的培养

这些课题在处理上述问题时都是做得比较好的。它们中有的把自己的教学经验作了理论性的归纳,如"合作性写作""'六步三变'式作文教学模式";有的则注意到了作文教学与"创造能力培养""求异思维培养"或者与其他训练的"互动关系"等等,有效地避免了课题过于琐细的问题。

三、文章体裁

这类研究的情况与上述第二类课题基本相同,但角度不同。着眼点不是听说读写能力的训练,而是不同体裁的文章如何教。现有教科书中的文章体裁如何区分,有不同的意见。有人按照文学体裁,分诗歌、散文、小说以及中小学课本中出现得比较少的戏剧(剧本),其他则作为应用文。也有人将课本中的文章分文学作品和语体文两大类[①]。还有一个常见的划分,那就是按照时间,分古代和现代。古代的文章,笼而统之叫"文言文"或者"古诗文",现代(包括当代)的文章,笼而统之叫现代文。不管怎么划分,不同体裁的文章的教学,是语文教学中很值得研究的一块。

例如:

1. 文言文教学方面

(1) 基于对话教育理念的中学文言文教学[②]

(2) 文言文背诵指导研究

(3) 文言文的"分层递进"教学

(4) 文言文课堂教学中的师生互动

[①] 步根海. 与步根海老师探讨高三现代文阅读复习问题(二). 中文自修 2011.4

[②] 此课题研究成果发表于华东师范大学出版社出版的《在讲台上思考语文》

(5) 优化文言文教学的过渡与衔接
2. 其他体裁教学方面
(1) 诗歌教学中审美情趣和审美能力的培养
(2) 中学古典诗歌教学的研究
(3) 鲁迅小说教学新思维研究
(4) 文学作品的"发现式"教学
(5) 高一古代散文教学中人文精神与文章学的契合

这组课题中有几个是比较有特点的：

一是第3例"鲁迅小说教学新思维研究"。把研究目标限定在某个作家的作品，这个被选定的作家必须是有代表性的。鲁迅符合这个条件。鲁迅可能是语文教材中出现比例最高的作家，而且他的作品又因为时代的间隔、思想的深邃和语言风格的特殊对学生有一定的难度，这就使研究工作有了比较重大的意义。

一是第5例"高一古代散文教学中人文精神与文章学的契合"，这个课题对研究范围做了三重限定："高一"（不包括高中的其他年级）、"古代"（不包括高一年级课文中的现代文部分）、"散文"（不包括古文中的诗歌、小说和戏剧），切入口很小。切口小的好处是容易把握，不会顾此失彼；缺点是容易狭窄，学术分量不重。要避免这个缺点就必须单刀直入，从深度上去挖掘。这个课题以"人文精神和文章学的契合"作为研究重点，前者关联内容，后者关联形式，理论性很强，也就避免了小而不深的毛病。

四、思维训练

在语文课进行思维训练，是跨学科的。做这类课题要求研究者除了有较好的专业知识外,还必须有一定的心理学知识和自身相当活跃的思维能力。

例如:

(1) 激活学生思维,创设具有生命活力的语文课堂

(2) 以学生发展为本,从读写中培养高中生的创新思维

(3) 小说教学中如何培养学生创造性思维与艺术想象力

(4) 阅读教学中创造性思维的培养

(5) 创新教育与语文思维能力的培养

以上课题中的第2例"以学生发展为本,从读写中培养高中生的创新思维"和第3例"小说教学中如何培养学生创造性思维与艺术想象力",也可以分别归入"二、听说读写"和"三、文章体裁",说明在语文学科范畴内进行思维训练必须以语文教学为依托,必须与语文教学相结合。

五、审美教育

20世纪80年代,审美教育成为热门话题。对语文教育中审美的研究也层出不穷。审美属于美育,在语文教学中实施审美教育也是跨学科的。

例如:

(1) 初中语文目标异步教学审美情趣的培养策略

(2) 语文审美与个性培养

(3) 语文教学中审美能力培养研究

(4) 审美情感功能在语文教学中的意义

(5) 高中学生作文审美情感及心理素质的培养

(6)让语文审美教育激活创新思维

语文教育中的审美教育在热闹过一阵子后归于沉寂。其实这方面可以研究的问题还很多,现代社会学生审美情趣的培养是个非常重要的问题。在学校组织的春游活动中,常见的情形是:老师一说解散,学生哗一下全进了麦当劳。刘心武在《谢幕与终曲》[①]中详细地描写了幼年的他怎样在母亲的熏陶下逐渐养成艺术的趣味,其实应该承担这个任务的是教师,尤其是语文教师。

六、现代教育技术和流行文化

现代教育技术和流行文化都是新锐的东西,非常容易引起学生的注意。从教育的角度说,凡是学生所关注的,教师就不能不关注。所以这方面的研究是常做常新的。

从表面上看,学生接受新事物似乎要比教师更快,但有些研究者的实验却证明,学生虽然有较强的获取信息的能力,但在梳理和选择方面并不占优势,这方面还是需要教师的引导。

例如:

(1)运用接受美学理论探讨现代教学技术在语文教学中的应用

(2)IT·E代·唐诗

(3)语文网络阅读教学的问题检讨

(4)网络环境下的学习游离现象与教学控制策略

(5)基于网络的语文校本课程研究与实践

---

① 刘心武.谢幕与终曲.人在胡同第几槐.北京.中国文联出版公司.2009.6

(6) 基于网络的课堂教学模式在语文教学中的应用

(7) 语文教学中引入流行文化元素的实践研究

(8) 媒介素养在语文教育中的作用

从第1到第4例,有一个明显的迹象,就是教师对现代教育技术(包括网络)的研究有一个逐渐深入的过程:开始是"应用"阶段,关注的是如何把现代教育技术引进课堂;然后是发现运用中的问题,到"检讨"阶段;然后再重新整合,进入新的研究阶段。第7例"语文教学中引入流行文化元素的实践研究"和第8例"媒介素养在语文教育中的作用"则具有更加鲜明的时代特色。

第8例提出的媒介素养(Media Literacy),又译媒体素养,源于英国学者 E.R. 利维斯在1933年发表的《文化和环境——培养批判意识》一书,是指在各类处境中存取、理解及产制媒体讯息的能力。它并非针对专业人员而言,而是指现代社会公民的一种基本素养。除了听、说、读、写诸能力之外,现代公民还应具有批判性地接收和解码影视、广播、网络、报刊和广告等媒介信息的能力,以及使用电脑、电视、照相机、录音机、录像机等来制作、传播信息的能力。

相对于20世纪大部分年代里盛行的"播放型传播模式"(broadcast model of communications)所对应的"第一媒介时代",美国媒介文化研究学者马克·波斯特提出了"第二媒介时代"的概念。就是说,现代媒介已经不是少数人对多数人的单向传播(比如电影制作人对于观众、广播对于听众),而是去中心化的、双向甚至多向的传播。"博客""播客""微博"、手机短信,为公众发布信息提供了平台,每一个公民既是受众,也可能是传者,现代社会的每一个个体成员都是媒介公民。

"第二媒介时代"的到来,使媒体变得个人化,信息传播的内容限制更少,鱼龙混杂,泥沙俱下。人们在面对媒介各种信息时,必须有选择能力、理解能力、质疑能力、评估能力、创造和生产能力以及思辨的反应能力,也就是媒介素养。

国际上许多国家和地区,如澳大利亚、加拿大、英国、法国、德国,包括我国的台湾省,都已把媒体教育纳入正规教育体系中,成为全国或部分地区中小学的教学内容。2009年,由经济合作与发展组织(Organisation for Economic Co-operation and Development)主导的国际学生素养评估项目(Programme for International Student Assessment,即PISA)已首次对包括博客、网络论坛、电子报在内的电子阅读素养进行了评估。

第7例中提到的"流行文化元素"在很大程度上,都是通过媒介获得的,因此也可以说在媒介素养研究的范畴内。

七、特殊性

共性和个性是一对伙伴。所有个性之和应该就是共性,所以共性离不开个性。但共性又决不等于个性。所以从特殊性层面考虑来进行研究,就是充分注意个性,包括时间的特殊性、地域的特殊性和人员的特殊性。因地制宜、因时制宜、因人制宜来进行研究,是这类课题的特点。

例如:

1. 时间特殊性

例:从初中到高中语文教学的衔接问题

这个时间段很特殊也很重要,是学生走向青春期的关键时刻。美国心理学家把人的一生分为"儿童期""青年期"和"成人期"三个阶段,并把 13 岁作为"青年期(含少年期)"的开始。这时候的学生,孩童的天真正在逐渐丧失(很多老师注意到,进了高中,像初中生那样举手发言的人明显减少了),因为脑部发育已经完成并正在走向高峰,他们具有了一定的思考和辨识能力,可是又很不成熟。在上海地区,小学六年级是放在初中的,叫"预备班",情况更其特殊。但做这个研究对研究者的要求也比较高,要同时熟悉初高中的情况。

2. 区域特殊性

例如:

(1) 关于落后地区语文教学现状的反思

(2) 农村初级中学语文课堂学生自主学习习惯的培养

(3) 农村初中记叙文写作教学情景分析与指导策略

这一类的特殊性体现在地域上,"落后地区"和其他地区的差别在什么地方?农村初中和城市初中的差别又在什么地方?只有把这些特殊点找出来了,才能对症下药,让研究确实具有针对性。

3. 学生特殊性

例如:

(1) 超常少年语文能力的培养[①]

(2) 语文学科在理科特长生中的有效教学策略的研究

[①] 此课题研究的成果由北京大学出版社出版.刘运秀主编.超长儿童成长摇篮 2001.4

(3) 高三理科生后期语文学习活动方案①

学生的特殊性很多，智力是一个方面，其他情况也可能构成特殊性，第 2 例"语文学科在理科特长生中的有效教学策略的研究"和第 3 例"高三理科生后期语文学习活动方案"就是抓住了文理分科后学生的特殊性。

八、测试与评估

这是非常有意义的课题。既然有教有学，就必须有测试与评估。测试与评估是对教与学质量的检查，它在很大程度上对教与学起着导向作用。可惜很多教师因为最终的测试权不在自己手里，因此就很少去研究这方面的问题。或者因为怕踩了应试教育的雷区而不敢去碰考试。其实，不论是对于教还是学，还是对于检测本身，评价研究都是非常有意义的。

例如：

(1) 客观性试题在语文能力检测中的功能

(2) 近十年高考语文上海卷现代文阅读试题分析报告

在语文能力测试中，客观性试题和主观性试题的功能和作用历来众说纷纭。有人说，客观性试题公平、易操作；也有人说客观性试题太机械，不能准确测量学生的语文水平；而主观性的试题对学生而言固然可以尽情发挥，问题是面对这些发挥的是另一些"主观"体——阅卷者，能不能用一把尺子，衡量准确，也让人颇存疑虑。如果能在掌握大量事实材料的基础上进行这方面的研究，无疑是非常有意义的。

---

① 此课题研究成果发表于《中文自修》2010 年 11 月教师专刊

九、教师发展与教材编写

例如:

(1) "大语文"观下的教师角色定位

(2) 教师专业素养中的反思态度

(3) 促进初中语文教师专业成长的有效教研研究

(3) 沪台小学语文教科书比较研究

(4) 上海"一期课改"与"二期课改"初中语文教材写作内容比较

(5) 中英两国语文教参的比较

(6) 人教社课标版高中语文古诗词注释问题研究

第1到3例是关于教师发展的,后面几例是关于教材的。教材研究中比较研究居多,有两个国家、两个地域之间的比较,还有先后两套教材的比较。专门针对教材中的某一环节来研究,也是针对性很强的好办法。

十、其他

例如:

(1) 语文教学中非智力因素的培养和发展

(2) 语文学习中的性别差异

(3) 中学生文学社团建设中人文精神的弘扬

以上的分类,逻辑上并不是非常严格,有些题目同时可以归到几个类中,还有很多内容根本无法归类。我们只是为了将语文教科研丰富的内容比较清楚地罗列出来,大致做了这样的分类,以便老师们了解。

第二节　教学科研的基本方法

教学科研同其他科学研究一样,也要讲求方法。方法不是先天而存在的,方法是经验的总结,人人都可以成为方法的创造者。但是,在长期的科学研究实践中,已经有一些方法被反复证明为有效,已为常用。下面试举数例:

一、数据统计法

数据统计法是定量研究的方法之一。我们所要研究的问题,总有数量或质量方面的特性。当我们把研究目光对准数量问题的时候,即可采用"定量分析法",也就是做量的研究,又叫量化研究或定量研究。它是对事物可以量化的部分进行测量和分析,以检验该事物的某些理论假设是否准确。

研究者事先假设并确立具有因果关系的各种变量,通过概率抽样的方式选择样本,使用经过检测的标准化工具和程序采集数据,必要时使用实验干预手段,对控制组和实验组进行比较,进而检验研究者理论假设的准确性。

例如:

我们有一个假设:背诵对于记忆是有好处的。这是很多老师在长期教学过程中的直感。与其使劲地记一些东西,不如把它背下来。但是我们需要有事实证明,这时我们可以使用数据统计法。

我们通过概率抽样选择四组学生作为实验的样本,以时钟作为标准化的工具,然后我们按这样的程序来操作:

先让四组同学都用 50 分钟去学习 16 个意义上毫无关

联的英语单词,然后检查记忆情况;4小时后做第二次检查。

在学习过程中,我们采用了干预手段:让第1组同学把全部时间都用于阅读;第2组同学花五分之三的时间阅读,五分之二的时间背诵;第3组同学花五分之二的时间阅读,五分之三时间背诵;第4组同学花五分之一时间阅读,五分之四时间背诵。

结果在第一次检查时,把全部时间用于阅读的第1组,记住了35%的单词;背诵时间花得最多的第4组,记住了74%。

到第二次检查时,第1组学生所能记忆的单词下降到15%;第4组下降到48%。这些统计出来的数据给了我们两个结论:

第一,背诵时间花得越多,记忆量越大。也就是说,以同等的时间来对付这16个毫无关联意义的单词,把较多的时间用于背诵比花较多的时间来阅读,记忆效果要好得多。

第二,背诵而记下的东西比由阅读而记下的东西更难忘,且时间越长,差距越大。

这样我们就证明了原先的设想,可以断定用于背诵的时间与记忆效果是成正比的。

在对学生学习成绩中可测量的部分、对教材中选文分布情况等的研究中,数据统计法用得非常普遍。

二、比较研究法

比较是一种手段,而比较研究是一种方法。

比较研究的基本步骤是:

明确目的——必须在比较开始之前就确立比较目的,不做无谓的比较。因为世界上的任何两样东西,只要放在一起比较，总有它相同点和不同点，光指出这些是不够的。要确立比较的目的，也就是说，在一开始就要想好，我们通过比较，试图发现什么问题，解决什么问题。

明确关系——确定被比较的两个或两个以上对象处于什么样的关系中，是平行的、并列的、或是相反的，还是相互影响的。

明确条件——确定被比较对象条件的异同。

例如：

有位心理学家试图论证口吃与心理暗示到底有无关系。他找了两组志愿者，他们处于一种平行的关系，都是口吃患者；但给予他们的条件是不同的：一组接受的是健康的心理暗示；另一组接受的是不健康的心理暗示。一段时间后发现，接受健康心理暗示的一组，口吃情况明显好转；而另一组则糟糕很多。这一案例后来在伦理上受到了批评，但这个研究确认了心理暗示的作用，从而得出可以用积极的心理暗示来矫治口吃的结论。

三、调查研究法

调查研究法是在了解情况、收集资料的基础上进行科学研究的一种方法。它是很多研究所依赖的基础。

调查研究根据参加人员的情况可分全员调查和抽样调查。

全员调查

全员调查是在对划定范围后的全体人员或单位进行调查。这个划定的范围叫做框架。框架越大，得到的情况越全面，准确性越高。但对人力、物力的要求也越高。框架较小的全员调查省时省力，但代表性比较差。为了获得较为准确的调查结果,又不太费时间精力,可以采用抽样调查。

抽样调查

抽样调查就是在一个框架内抽取一定的样本进行调查,以此来代表或推断全体。

抽样调查比较省时、省力,如果抽取的样本合适,其结果是相当准确的。

抽样调查又分为:

* 随机抽样:就是任意抽样,机遇性抽样,被抽样的各个元素没有关联,彼此独立。

* 类型抽样:就是把对象分为类型,然后在合适的类型中随机抽样。

* 分层抽样:就是将随机抽样和类型抽样结合起来的一种方式。

根据调查的方法可分为问卷调查、访谈调查、测试调查、跟踪调查等等。

问卷调查

问卷调查是设计一些恰当的问题让调查对象来回答的一种收集资料的方法。

问卷调查的关键在于问卷的设计。问卷一般会设计一些需要调查者回答的问题,问题下面一般有备选答案供被调查者选择。

问卷设计的要求是指向清楚,分类得当,便于统计。

指向清楚是指所提的问题必须是明晰的,是能够让被调查者作出明确回答的,不能让回答者无从说起。

分类得当一是指甲问题和乙问题之间的逻辑分类是准确的,二是指问卷为答卷者提供的备选答案是合乎事实、合乎逻辑的。比如,我们对中学生课外阅读的情况进行调查,问"你在课外看什么书",若是在 20 世纪的 80 年代,我们可以将武侠、言情、教辅等作为备选答案。因为那时候的学生男看金庸,女看琼瑶。如果时至今日,这样的备选答案就显然是不得当的。备选答案应该是有事实基础的,而不是随心所欲、胡乱猜想的。备选答案可以有"其他"项,但如果被调查者大多选了"其他"项,则说明这份调查问卷的设计是失败的。最好能在做备选答案前先有一个小型调查。

不提供备选答案可以在一定程度上避免分类不当的毛病,但也会给分析统计带来不便。提供备选答案,是便于分析统计的极为有效的手段。

访谈调查

采访调查就是用谈话的方式来搜集资料。有集体谈话和个别采访。

集体谈话,也就是我们常说的开座谈会。优点是比较省时,在一次调查中能获得很多材料;缺点是被调查者在时间和情绪等方面都相互牵制,较难畅所欲言。

个别采访花费时间较多,但如果谈话技巧高明的话,效果也比较好。

测试调查

测试调查就是用试卷或其他测试形式来采集需要的数据。

跟踪调查

和以上横向的调查方法不同,跟踪调查是一种纵向的调查方法,是伴随调查对象的发展变化所做的长时间持续调查。在这种类型的调查中,我们可以根据变化了的事实找出其变化的轨迹及其依据。

英国沃里克大学教授安德列·奥斯瓦尔多曾用 10 年时间调查 9 000 个家庭,发现和一般人猜想的"发横财不会有好结果"相反,"如果你发了一笔横财,那么在以后的岁月里你就会有充足的幸福感和良好的精神状态"[①]。

不难看出,调查研究法与数据统计法不同。后者只能用于作定量研究,前者既可以用作量化研究,也可以用于定性研究。定性研究又称质的研究。它是在自然环境下采用多种资料收集方法对社会现象进行整体性探究、使用归纳法分析资料和形成理论,通过与研究对象互动对其行为和意义进行建构,以获得解释性行为的一种活动。

四、经验总结法

这是最简单容易的一种方法。我们在长期的工作中总会积累一定的经验,有成功的,有失败的,把这些经验整理出来,就是很有价值的材料。

在这方面,有两种情形值得注意:

一是对自己所取得的经验缺少敏感度,不能及时加以总结,任其停留在感性的、散乱的状态。宋代文人张炎在《词源》中诋吴文英词,说"如七宝楼台,眩人眼目,碎拆下来,不成片段。[②]"一线教师的情况正好相反。我们有很多好的教学经验,但是碎拆在那里,不成片段,如果能用经验总结法有意识地将它构建起来,那一定是一座眩人眼目的七宝楼台。

二是不善于抽象思维,对经验的总结停留在讲述心得体

---

① 当格列佛遭遇小人国.中华读书报.2002 年 1 月 30 日
② 张炎.词源[M]北京.人民文学出版社 1963.9

会的水平上。我们之所以要从方法论的角度来谈总结经验的问题,就是说它必须有明确的目的,必须有理论深度。

要让自己的教学经验变成科学研究,必须从具体到抽象,从个别到一般。比如,某位老师,班级里有一个明显有学习障碍的学生,他花了很多的时间和精力来帮助他,最终提高了他的学习成绩。如果这位老师只是把他如何帮助这位学习障碍生的情况写出来,那只是一般的教学心得,还不是科学研究。做科学研究的第一步是跳出"这一个"学生,要去调查了解,一般有学习障碍的学生大概有哪几种表现,造成这种情况有哪几个原因。假如"这一位"学生的表现可能是3点,原因可能有5个,那么,经过调查查证,一般学习障碍生的表现可能是5点,原因可能是8个。然后,要跳出"我"做了什么。"我"也许做了3件事来帮助这个学生,现在要调查、要实验,最后发现被人提到的方法有10种,其中8种被证明为有效。有了这样一个过程,就完成了一个飞跃,我们所讨论的问题,就不仅是"我"怎么帮助"这一个"学生的,而是要为所有学习障碍生解决问题。我们可以列出学习障碍生的一般表现(5种),揭示它造成的原因(8个),进而提出解决问题的方法(10个),并说明哪些已经被证实为有效(8个,其中3项为本人所做)。这就完成了一项非常好的研究。在这个例子中,我们看到,同样是"我"为"这一个"学生所做的事,就这样写下来,只是心得体会;如果有了科研意识,做了科学研究,这些事例仍然可以用,但已经成了事实论据。

五、理论研究法

又称"文献资料研究法",它是一种从理论到理论的研究方法。它的对象一般有两个:一个是系统理论,也就是别人对你所要研究的问题的理论和看法。二是相关理论,也就是与你所要研究的问题有关连的理论。

这方面的了解有助于节省时间和精力,可以"站在巨人的肩膀上"。晋代诗人左思在《咏史》中,把出身贫寒而有才华的人比作"涧底松",把有世族子弟比作"山上苗",说:"郁郁涧底松,离离山上苗。以彼径寸茎,荫此百尺条。""径寸茎"可以"荫此百尺条",原因就是它站到了"山上"。如果撇开这首诗的背景,学习理论就是一种站到"山上"去的方法,也就是荀子所说的"登高而招,臂非加长也,而见者远;顺风而呼,声非加疾也,而闻者彰。假舆马者,非利足也,而致千里;假舟楫者,非能水也,而绝江河。"(《劝学》)

一般来说,不论采用何种研究方法,理论研究法都是要用到的。比如,国内外同类课题的研究情况,基本就是运用理论研究法,在查阅文献资料的基础上取得了解的。

六、反思实验法

反思是教师以自己的教学活动为思考对象,对自己所做出的行为、决策以及由此产生的效果进行审视和分析的过程,是一种通过提高参与者的自我察觉水平来促进能力发展的途径。

波斯纳(G. J. Posner)[①]曾经提出过一个教师成长的简要公式:经验+反思=成长。并指出没有反思的经验是狭隘的经验,至多只能形成肤浅的知识,如果教师只满足于获得经验而不对经验进行深入的思考,他的发展将大受限制。

---

① 波斯纳(G. J. Posner),美国心理学家。

科顿和斯巴克斯-兰格（A. B. Colton & G. M. Sparks Langer）在1993年提出了教师反思的基本过程：

选定问题——选定特定的问题，并从可能的领域内，包括课程、学生等方面广泛地搜集这方面的资料。

分析资料——分析这些资料，形成问题的初步框架，并在自己的知识范围内搜寻有关的信息，如果不够充足，就向其他教师请教或者查询资料。

假设方案——问题明确、清晰之后，可以提出各种假设和解决问题的方案，预期实施效果。

实施方案——深思熟虑后，可以实施方案。当对新的行为进行观察和评价时，新的一轮反思又开始了。

从某种程度上说，反思实验法不仅是一种科研方法，也是一种工作态度。我们欣喜地看到，很多有责任心的优秀教师，把反思作为自己日常教学行为的一个部分。在不断的反思中提高自己的教学水平，提高课堂教学的质量。

七、行动研究法

行动研究就是研究者与实践者合一的一种研究方法。行动研究有两个突出特点：一是把"行动"与"研究"结合起来，保证研究具有实际意义；二是重在改进与提高，它与一般经验总结不同，它要求研究者对情况进行详细的调查，进行理论思考，作出行动方案，实施并评价。

行动研究的基本模式是：

问题筛选——深入调查研究，通过"临床观察"、历史回顾等方法对存在的问题去粗取精，去伪存真，并进行归纳、分类、概括，确定主要问题。

理论优选——根据筛选出的问题寻找理论背景,查询有关资料,选择自己认为有价值的理论内容进行深入学习。

运用与反思——把筛选出来的问题结合自己的工作具体化,通过深入的理论思考,提出解决问题的方案和可实施的步骤。观察、记录实施情况,为分析、总结和反思积累丰富的素材。然后,根据开始的目标,评价问题解决的程度,总结研究所取得的成果。

不难看出,行动研究法和反思实验法在基本步骤上没有太大的区别,它们的主要区别在于研究者的身份。反思实验法更多地是针对本身就是从事教学工作的教师而言的;行动研究法则强调研究者要和实践结合。

八、案例研究法

案例研究法是从案例教学法(case methods of teaching)发展而来的。

案例教学法最早是在医学界和法学界中运用的。案例,是指对实际情形的描述,在这个情形中包含一个或多个引人入胜的问题,同时也含有解决这些问题的方法。理查特(Richert, A. E.)认为:"教学案例描述教学实践。它以丰富的叙述形式,向人们展示了一些包含有教师和学生的典型行为、思想、感情在内的故事。"而卡根(D. M. Kagan 1993)定义为:"课堂案例是对真实的课堂情境的一种描述,这种情境包括与所要澄清的和要解决的目标问题有关的事实。"[①]在运用案例教学法时,可以给出一个案例,让学生寻求

---

① 转引自魏华.教师教学案例分析的实践探索[C].教学与管理.2007.12期

解决问题的办法;或者给出的案例中有问题,也有解决方案,让学生辨析这些方案是否符合合理高效优质的要求。之后,案例教学逐渐进入管理学界以及其他教学领域,包括基础教育。比如,20世纪80年代以来风靡美国的建构主义教学范型之一——贾斯珀系列,它包括以录像为载体的12个历险故事,主要用以提高五年级以上的学生的数学思维,但也包含"帮助他们建立与科学、历史和社会学等学科的联系[①]"。

后来在教学研究时也运用到了案例。

案例研究由案例形成和案例运用两个阶段组成。

案例形成包括以下基本步骤:

前期准备——洞察教学中存在的普遍问题,进行有关的调查,搜集详尽的资料。

确定主题——每个案例都要突出一个鲜明的主题,它常与教育改革的核心理念、常见的疑难问题和困惑的事件相关。确定主题要注意典型性和时代感。

情景描述——案例源于教学实践,但不是课堂实录。它应以引人入胜的方式展开,有相对完整的情节和一些戏剧性冲突,以反映事件发生的时空特征,揭示教学工作的复杂性和师生的情感、动机和价值观等方面的变化。有时为了突出主题,提示讨论的焦点,可以对"原形"作适当的修改与调整,但不能杜撰。情景描述一般要制成音像材料。

案例运用的基本过程是:

案例引入——将已经形成的案例(包括音像资料、案例说明等)作为研究对象。

---

① 美国课程与教学案例透视[M] P1 上海.华东师范大学出版社.2002.9

诠释与研究——多角度解读案例,分析研究,对问题产生的原因和解决问题的过程进行反思。

值得注意的问题是:

① 案例是"对实际情形的描述",它不要求照搬现实。这和我们平时所说的"课例"是不同的。课例是一堂或几堂课的实际情形,我们也可以拿出来作为研究对象。但这种情况下可研究的问题可能比较少,也可能典型性不强。而案例是把典型问题集中起来供大家研究,它更具研究价值。

② 因为案例有一个制作过程,带有一定的虚拟性,所以研究结果不应该停留在特殊的、虚拟的环境中,应该回到真实的教学实践去运用。

以上是对几种常用的科研方法的介绍。正如我们前面所说,方法不是天生的,不是必须遵守的规则。在教科研活动中,我们完全可以灵活地选用和使用这些方法,让它为我所用,切实为教科研活动提供帮助。

第三节 教学科研的基本能力

一、发现问题的能力

爱因斯坦在和英费尔德合著的《物理学的进化》一书中指出:"提出一个问题往往比解决一个问题更重要,因为解决一个问题也许仅是一个数学上的或实验上的技能而已。而提出新的问题,新的可能性,从新的角度去看旧的问题,却需要有创造性的想象力,而且标志着科学的真正进步。①"

这段话对选题的重要性作了充分的强调,认为一个新的问题的提出,已经"标志着科学的真正进步";同时也指出了选题的难处,它"需要有创造性的想象力"。

的确,寻找一个值得自己花时间、花精力去研究的问题,并不是一件十分容易的事。通常可能出现的情形是:无题可选。我们不知道该选什么课题,不知道该到什么地方去寻找课题。这正是爱因斯坦所指出的难处。

如果这样,那么,下面可以是课题的来源:

1. 从教学实践中选题

从教学实践中选题,可能是语文教师选择课题最优化的途径。大学里从事学科教育研究的教师、省市的各级教研员以及其他专职研究人员,也可以从事教学研究,但一线教师在实践方面的优势是他们所无法比拟的。

有的教师对自己能否从教学实践中选择有意义的课题表示怀疑,生怕教学实践中的那些事儿谈不上是科学研究。其实,正如文学研究上的个案研究与文学史研究一样,两者所关注的内容各有侧重:个案研究关注具体的作家、作品,而文学史研究关注文学发展的线索;必须在个案研究的基础上才能建立有关文学史的研究,但文学史研究并不比个案研究有更高的科研价值。教育的研究也是如此。上位的教育研究必须建筑在教学实践研究的基础上,但后者并不比前者低一个等次。

---

① [德]爱因斯坦[波]英费尔德.物理学的进化[M]长沙.湖南教育出版社 2007.11

我们在做中学语文骨干教师国家级培训的时候,曾经特别关注过选题问题。我们希望95%的学员能选择与语文教学相关的课题。最后,40名学员中有2位选了非语文教学的课题,其中一个在实施过程中遇到了较大的困难。这并不是说,语文教师没有进行其他研究的能力,而是说,我们不应该轻易放弃和我们工作直接相关的、并且是具有优势的研究课题。

我们每天都在工作,如果你觉得自己做得不错,那么就有经验,值得推广;如果你觉得做得不好,那么也有教训,应该总结;即使你觉得自己的教学工作既乏善可陈,也无过可责,也该考虑一下这种状态是好还是不好,为何如此,症结何在。我们经常讲,生活中并不缺少美,而是缺少发现美的眼睛。同样,教学实践中并不缺少可以做的课题,而是缺少发现课题的头脑。

我们之所以说从教学实践中选题,可能是语文教师选择课题最优化的途径,是因为俗话说,近水楼台先得月,日复一日的教学工作,在最大概率上为我们提供着值得研究的问题。一线教师在这方面的优势应该大大发挥。

从教学实践中选出来的课题,基本上属于应用研究类。

2. 从热点问题中选题

所谓热点,就是能引起比较多的人关注的问题;它有阶段性,也有较大的影响力。

随着国家有关教育的政策法规的建立和变化,随着社会的发展和语文教育的发展,有些问题自然而然会成为热点。

因为是热点问题,选的人也就相对比较多,可能会"撞车",所以要特别注意两点:一是要寻找热点中的冷点,有人形象地把它比作"火烧冰淇淋"——外热里冷。比如,关于学生的课外阅读,是很多人都关注的热门话题。大部分的研究都是从调查课外阅读情况着手,发现学生读书少、读的书层次不高,阅读只为消遣等问题,然后从激发阅读兴趣、培养阅读习惯、提高阅读水平等方面给予帮助。如果再重复这些问题,就缺乏新意了。有位老师在研究这个热门题目时,选择了一个独特的角度:研究学生个性和课外读物选择之间的关系,试图通过这个研究来解决如何引导学生多读书、读好书的问题。这应该就是找到了热点中的冷点。还有,既然是热点,就要有时间概念,要尽可能及时出成果,不能把黄花菜等凉了。

从热点问题中选题,可能属于应用研究类,也可能属于理论研究类。

3. 从难点问题中选题

对任何学科的研究总是有一个过程的,这个过程就是学术史。任何一部学术史上,都会有一些悬而未决、或者貌似解决实际上并未解决的问题。比如,原先研究中被忽略的问题或空白点,前人研究中不足之处或缺陷所在,学术界观点有分歧或有矛盾的地方,等等。一般来说,这个范畴的研究有一定的难度,但如果能出成果,价值也比较大。

以上三个区域并不是绝对划分开的,在很多情况下,它是相互交叉的。所以,说到底,只要我们关心教育的发展,认真对待自己的教学工作,就一定能发现值得我们去研究的问题。

选题时应该注意考察自己以及周围的条件。

* 主观条件

要进行一项课题研究,必定会对研究者有相应的要求。这些关系到每个研究者的要求,被称为"绝对实力"。它包括五条:

① 知识结构

包括学科知识(本体性知识),教育教学理论,相关知识(哲学、历史、心理学等)

② 智能结构

包括观察力、记忆力、思维力、想象力和注意力所构成的智力结构;自学能力、发现问题的能力、获取信息的能力、动手能力、分析判断能力、口头表达能力、组织管理能力、社会活动能力、创造能力和写作能力等构成的复合型的研究能力结构。

③ 教育教学科学研究的经验

④ 性格特征

⑤ 研究兴趣

每个研究者在这些方面的情况是不均衡的,要根据自身的情况,选择合适的课题。比如相关知识比较缺乏的人,就不合适做涉及范围很大的课题;一个关于诵读训练的课题,对研究者智能结构中口头表达能力的要求就特别高,等等。研究者应该根据自身条件和兴趣所在选择课题,要充分发挥自身的长处,不要勉为其难。

当研究者与同一领域内的其他研究者相比较时,就有所谓的"相对实力"。相对实力一般来说不影响对课题的选择,这个因素可以在挑选合作伙伴时予以考虑。

* 客观条件

课题研究不是写论文,不是一个人坐在书房中就可以

做出来的,因此要注意客观条件。包括:

① 研究的时间和经费能否得到保障;

② 是否具备相应的图书资料和技术设备;

③ 是否有合适的合作参与者。

每个学校的客观条件都不一样,要因地制宜来选择课题。比如教学工作安排得过满,研究时间就得不到保障;技术设备不完备,做有关现代教育技术的课题就有困难;你想做一个有关高一年级学生学习问题的研究,学校却总是安排你带高三,完成课题就不太可能,等等。

二、搜集材料的能力

俗话说:摆事实,讲道理。可见道理是建立在事实的基础上的。

要能够运用调查研究等科学的方法搜集材料。在考据学上,有所谓"孤证",也就是单独一个证据,被认为"孤证单行,难以置信①"。我们做研究也要屏弃孤证,就是不能用偶然发生的事、个别的特例来说明必然性的结果。有人说:"(韩寒)受制于他的教养,词汇不够丰富,句型缺少变化。他会把'剥夺政治权利终身'错写成'剥夺政治权终生'。还有些话不一定算错,读起来却很别扭,例如书里的人物不说'不一定',而是说'不定的,不定的';只在(饭店)包间吃饭他写成'是不吃无包间之饭的'。这些枯涩的自创词语可以视为中学语文教育失败的证据。②"韩寒是一个非常特殊的

---

① 郭沫若.论古代社会.史学论集[M]上海.人民出版社.1984
② 小宝.老而不死是为贼[M]桂林.广西师范大学出版社.2010.12

学生,仅凭他在文字中的几处错误以及作者感觉"别扭"的地方(且不说这种"别扭"对文学表达的作用),就用以证明"语文教育失败",从科学研究的角度来说是不信实的。倒是韩寒的老师说出了事实:"韩寒的文才完全生发于自身。只教过他识字的老师固然教不出他来,只会教语文书作文书的老师更教不出他来。他虽然有从小学而初中而高一的学历,但他是自学成才,自发成才,就算有哪位想沾他出名的光也是白搭。①"掠美既不成,掠"丑"也是有问题的。

材料的占有要丰富多样。不能把感想当事实,不能道听途说,不能虚构杜撰。研究中如果加入了不真实的"水份",就好比在刑事或民事诉讼中做伪证。如果说用"孤证"仅仅是科学性不强的话,做"伪证"则是严肃的学风问题。没有好的人品,就不会有好的学风,反之亦然。

搜集材料,不光是搜集对自己有利的材料,也要注意搜集不利于自己观点的反证。作为科学研究,我们不能无条件地认为自己所想的就一定是对的,要尊重事实。如果在搜集材料的过程中,发现自己原先的设想是错误的,要勇于更正。事实上,研究的价值不仅在于证明一个观点的"真";如果能证明一个观点的"假",研究也同样是有价值的。

反面证据的搜集还有一个好处,就是可以先发制人。提出一个观点,就好比树一个靶标,要准备八面受敌。所以,靶子尚未竖起,就应该先作周密考虑,弥补可能出现的罅漏,朝无懈可击的目标努力。

---

① 邱剑云.韩寒是个奇迹.此生的幸福点缀[A]P15 上海电子出版有限公司 2010.

三、逻辑思维的能力

逻辑思维能力是保证研究具有科学性的必要条件。如果研究者的思路处于一种混沌甚至混乱的状态，分析、推理不合逻辑，那么研究的本身就是不科学的，更无法让人相信它的论点具有真理性。

逻辑思维的能力包括分析与综合。

分析就是把复杂的事物或现象分为各个简单的组成部分，或者是抽出它的各种特征来，以便单独地考察，认识各个组成部分固有的性质特征；综合就是根据分析的结果，把事物或现象的各部分联系成为一个整体，形成对事物的比较全面的认识。

分析和综合是紧密联系的。事物未加分析，综合是不可能的；而任何分析又都建立在对整个事物的综合认识的基础上。

逻辑思维能力还包括归纳、演绎与类比。

归纳法是从具体的、个别的、感性的事实材料中，推导出抽象的、概括的、理性的认识。分为完全归纳法和不完全归纳法。

完全归纳法是在掌握了一类事物的总体中的全部个别对象的材料后，通过归纳得出关于这类事物的一般性结论。完全归纳法只要它所依据的材料无误，其结论的可靠性是无疑的。

不完全归纳法是在掌握某类事物中的部分对象（甚至是富有典型性的个别对象）的材料后，通过归纳得出该类事物的一般性特征。它具有适应面广、研究耗费少等优点，但其结论的可靠程度较差。比如李斯的《谏逐客书》，在证明客卿对秦国有功这个观点时,例举了秦穆公、秦孝公、秦惠王、秦昭王四个国君任用客卿后的情况来说明问题,用今天的话来说,他使用的就是不完全归纳法。他没有把所有秦国国君任用客卿的情况统计出来,但由于这4个例证典型性很强,由此而推导出的结论还是有信服力的。

无论是完全还是不完全的归纳方法,要获得科学可靠的结论都必须做到以下几点:

① 事实本身确凿可靠;

② 对事实有正确的认识;

③ 事实与结论有必然联系。

演绎法是从对事物的一般属性、关系的认识(如已有的教育教学科学理论、某一原理或定理)出发,推断出关于特殊和个别现象的属性、特征或关系的认识,得出个别、特殊的结论。

运用演绎时特别要注意:

① 大前提本身必须正确;

② 遵守逻辑规则,也就是所提供的前提必须能够推导得出结论。

类比法是把某些具有相同或相反属性的事物放在一起进行比较,来表达对该事物的认识。

使用类比法,必须注意类比的恰当,也就是被比较的事物之间一定是有某种属性是有可比性的,否则,类比就无法进行;即使做了,也是无意义的。

综上所述,科研能力是一种综合能力,它是可以通过有意识的学习和实践得以提高的,只要我们有心,具备科研能力是应该、也完全可以做到的。

第三章 语文教师的教学水平

第一节 实践和理论的关系

谈到语文教师的素养,相比较我们前面所说的理论修为和科研能力,教学水平可能最先出现在人们头脑中,因为它和我们的日常工作具有最直接的关系。也正是由于这个原因,我们把它放到后面,浮云蔽日,眼面前的东西容易让我们忽视隐藏在后面的、更为重要的内容。同时也考虑到,教学水平其实并不完全是操作性的东西,它需要理论支撑、反过来又是产生理论的土壤。

一、理论来源于实践

有一个问题,像先有鸡还是先有蛋一样有趣:我们现在都在做研究,都采用科学研究的方法,那么,到底是先有研究,还是先有方法呢?如果说先有方法,那研究还没有,何来方法?如果说先有研究,那没有方法,如何进行研究?

其实我们必须明白:科学研究的方法不是先天存在的。尽管最初的科学研究总也要使用一些办法,但那只是个人的、偶然的行为,是"做法",还谈不上方法。当某一种做法在实践中取得了良好的效果后,我们就会有意识地重复使用它,并发现它确实有效,这时,"做法"也就上升为"方法"了。所谓"方法",只有在当人们能有意识地重复使用它的时候才存在。方法不是临时性的某种做法,它来自实践,又上升到了一定的理论高度。它是有明确定义、有相对固定的操作程序、可以在多种场合反复使用的办法。很显然,方法应该是经验的总结。从这个意义上说,不存在法定的方法。各人的经验不同,方法当然也不同。方法的这三个特性——方法不是先天存在的,方法是经验的总结,不存在法定的方法——决定我们人人都可以成为方法的创造者。这也就是理论来源于实践的最基本的原理。弄清理论来源于实践的道理,是我们理性化地提高教学水平的前提。

二、理论指导实践

随着教师专业化的进程,进行教育科研成了教师工作的题中应有之义。中小学教师被要求做科研的基本意义在于用理论来指导实践。教学工作的特点之一是不断重复。在教材不发生变化的情况下,教学工作很可能变成了日复一日的熟练操作,很可能磨掉教师思想上的锐气,使他蜕化为一台教学机器。当这台机器可以毫不费力自由运作的时候,它甚至会抵触来自外界的任何变革的要求。

优秀的教师始终积极地在为自己的教学行为寻找理性支点。教室对他们来说,不仅是个传授知识的场所,也是进行科学研究的实验室。他们不只是带着教材进教室,同时带进去的,还有新的教育理念,还有他们在对教学进行总结和思考的基础上提出的新的想法。他们也不会在走出教室的时候就感到工作结束了,而是会开始新一轮的反思,提出新问题,进行新的实验。教学就在这样的过程中不断更新,不断提高。只有在这个时候,理论研究的所有意义才会显现出来。在这个基础上谈教学水平才是有意义的。

第二节 教学水平的体现

一、正确的教育理念

随着时代的变化,教育理念也在不断地变化。在一定的条件下,"正确"也只是相对而言。就目前的教育状况而言,以下几点是特别需要呼吁的。

(一)教育的目的是为了培养现代社会的合格公民

当下教育短视的现象非常明显,一切为了考试。有老师坦言,我也知道自己培养的庸才不是人才,但我管不了这么多,只要学生考试成绩好,校长高兴,家长高兴,别的就不管了。殊不知,社会是一条生物链,我们每个人的行为都将决定我们的生存环境。我们可以借助顾炎武的话来确认责任范围问题:

> 有亡国,有亡天下。亡国与亡天下奚辨?曰:易姓改号谓之亡国,仁义充塞而至於率兽食人,人将相食,谓之亡天下……保国者,其君其臣肉食者谋之;保天下者,匹夫之贱,与有责焉耳。①

我们姑且不说其中的民族情绪,就责任范围而言,作者是作了明确区分的。易姓改号的事可以让肉食者谋,但事

---

① 顾炎武.日知录·正始.日知录集释.上海古籍出版社.2006.12

关天下兴亡,就不论身份高下人人皆有其责了。教育对于我们来说,毫无疑问是关乎"天下兴亡"的大事,匹夫尚且有责,何况我们教育工作者?

考试作为教育评价和人才选拔的手段之一,有极其重要甚至可以说不可替代的作用,但如果错把手段当目的,举全力以应试,必然造成教育方向的偏差。

顾明远先生在谈到正确的教育思想时,呼吁教师"要树立正确的人才观、学生观、成功观①",社会风气的浮躁短视、急功近利,导致我们的人才观、学生观和成功观严重扭曲,就如同社会上很容易把挣钱的多少作为衡量一个人成功与否的标尺一样,分数的高低成了我们衡量学生优秀与否的唯一标尺。而这两者之间的微妙关系更被某大学教授阐释得淋漓尽致:"对高学历者来说,贫穷意味着耻辱和失败。②"传统文化中"修身、齐家、治国、平天下"的人生观、成功观,被考高分、拿高学历、挣大钱所替代了;孔夫子所谓的"富与贵,是人之所欲也,不以其道得之,不处也;贫与贱,是人之所恶也,不以其道得之,不去也③"的价值观,被"身价"至上给取代了。挣大钱成了教师给学生"励志"的手段,这不能不说是现代教育的悲哀。教育需要的不是去引导学生追逐名利财富,恰恰相反,在一定程度上,教育要抵制这种来自社会的物质诱惑,才能让学生在进入财富社会的时候

---

① 顾明远.素质教育与师范教育.教师教育——改革与发展热点问题透视.[A]P8 南京师范大学出版社.2000.10
② 2011 年 4 月 4 日 16 时 34 分北京师范大学教授董藩的微博声称 40 岁没有 4 000 万"不要来见我"。各媒体均有报道。
③ 论语译注[M]P36 北京.中华书局 1980

不至于失去主心骨。正确的人才观、学生观、成功观意味着对才能和对成功的多向度标准,绝不是、也决不能仅仅以分数来衡量。

(二)教学的目的是为了学生的学习与成长

把课堂还给学生,是大家早已不陌生的口号,它也是新基础教育的核心理念之一①。多少年来,很多教育工作者致力与此,希望能够让学生在课堂上获得主动的学习和发展。然而,真正要把课堂还给学生,首先要解决的问题是:课堂是干什么用的?如果还是简单地把课堂看成是传授知识的场所,想方设法让学生学得更积极些,恐怕还不够。我们经常看到的是,教师很努力地在课堂上推进自己的教学,当预设的教学环节一个个流畅地进行下去的时候,我们大家都感到满足并确认这节课是成功的。其实,在一般情况下,能顺利问答老师问题的学生,恰恰是在这个问题上没有学习障碍的,以此为标准来推进教学,实际上是忽略了学生学习中存在的问题。要从真正意义上把课堂还给学生,首先得明确:上课不是为了推进我们的教学思路,而是为了帮助学生的学习和成长。如果我们预设的教学环节都能一无阻碍地进行下去,我们就得考虑:是不是我们的教学目标定低了?还是我们没有关注到全体学生?在更多情况下,我们看到的是,教学环节的某处可能并不那么流畅,出现了问题,于是老师多半会急着去解决问题——这里要注意的是:所谓的"解决问题",不是去解决学生学习上存在

---

① 新基础教育,华东师范大学叶澜教授主持的全国教育科学"九五"规划教委重点课题《面向 21 世纪新基础教育探索性研究》。

的问题,而是去解决偏离教师预设轨道这个问题。这时候的课堂,纵然学生表现活跃,我想,它仍不是真正意义上的学生的课堂。这里,至少有两个问题是值得我们思考的:

第一,推进教案不应该是课堂教学的第一需要

从反思实验法的角度来说,每一次课堂预设都是科学实验的开始。我们应该清楚,任何课题,在对其的研究尚未完成之前,我们所有的只是"研究假设"。就是我们根据不多的事实材料,运用已有的科学原理,充分发挥思维的想象力和创造力,对所研究的事物的本质和规律提出的一种初步的设想。这种设想当然是有凭有据的,基本的情况是:事实材料+科学原理。但也是有限的,因为事实材料有限,而想象力和创造力不一定正确。这类实证性研究,它要求有大胆的想象。但正因为大胆,它的正确与否需要小心求证,而且要充分意识到求证所可能产生的两种结果:假设正确或错误。从课堂预设的本质来说,它也是一种研究假设,我们无权在研究完成之前就确认其是完全正确的,不能刻意寻求预设为正确的结果。

在大部分情况下,教师的预设都是经过精心准备的,包括对文本的研读、对相关资料的查询、对学情的分析等等,确实在很大程度上有成功的把握。但同时,在上述的任何一个环节中,也都可能出现问题,并导致预设的失败。这种失败可以分为两种情况:一种是预设本身存在问题,它意味着教案的推进本身就是个错误;另一种是预设中对学情反馈的估计错误,它意味着教案的推进不能顺利进行。

比如,对文本的研读。这本身就是个极其复杂的认知过程,教师由于种种原因而浅读、误读的情况完全可能存

在。有位老师在上《湖心亭看雪》①时,拈出"痴"字作为文眼,引导学生领悟张岱的精神世界,说别人赏花、赏月,他却赏雪。其实在中国的传统文化中赏雪是常有之事,文学作品中关于赏雪的更是不计其数,正所谓风花雪月。表现"痴"的是作者赏雪的特殊时间。他是在"大雪三日,人鸟声俱绝"的情况下,在更定之后,"独往湖心亭看雪"。他是在人迹罕至的情况下去到西湖,去静静地体验大自然所给予的独特的感受。此时的"静"可与《西湖七月半》的"闹"对看,看出作者的孤高;也可与欧阳修的《醉翁亭记》对看,看出仕士和隐士的不同情怀。后面的"惟长堤一痕,湖心亭一点,与余舟一芥,舟中人两三粒而已",老师认为是从舟子眼中看出,因为看不出什么趣味,所以"惟……"。其实这却是从作者眼中看去。作者用了非常特殊的量词来表达此时的独特感觉,在茫茫大自然中,人是如此的渺小,而正是这种渺小,让人和自然相融而无比亲近。陈子昂"念天地之悠悠,独怆然而涕下",是因为感叹生命短暂,时光易逝,未等建功立业,生命的痕迹就可能在消失在苍茫世界中。而放弃了政治抱负的张岱,却在"念天地之悠悠"的时候,感到了个体融化于万象的释然。这也正是"地道的中国诗的传统",即"调理性情、静赏自然②"。这种境界并非俗人所能达到,所以金陵客惊呼"焉得"。后面的"强饮",解释为"勉强"显然不好,有老师便把它解释为"痛快"。其实"强"在这里是"勉力而为之"的意思。作者性不好酒③,但途遇知音,

---

① 此文入选人民教育出版社义务教育课程标准实验教科书《语文》八年级(上)
② 闻一多论古典文学[M]重庆出版社.1984.
③ 张岱《自为墓志铭》极言自己生平所好而未及酒。

故勉力而为之。而三杯之后即便告别,为什么?因为他们所共同喜好的,是一份隐藏在孤寂中的清高,如果也呼朋唤友,觥筹交错,那么前面的意味也就丧失殆尽了。作者之所以在文末写舟子的不解,正用于衬托自己这种非雅士不能理解的精神境界。教师如果本身对文章所表现的这样一份情怀没有深刻的体会,理解作者独特的精神世界即为一句空话。从此例可见,解读文本非为易事,并不能保证不出现讹误。而一旦出现讹误,建筑在这个基础上的教学预设,在某种程度上就不具备推进的必要。

再比如,相关资料的查询。很多教师都会积极地寻找资料,来加深文本解读的厚度。但从学科知识到学科教学知识(PCK)[①],需要一个转化,这却时常为老师所忽略。上欧阳修《卖油翁》[②]的时候,有的老师特地去查了《宋史》,弄清陈康肃是什么样的人,在课堂上从姓名字号到官位,一一介绍给学生,就这篇课文而言,这是完全没必要的。一篇课文,如果文本本身所提供的信息已足够让学生学习的话,就没必要大量引入相关资料。比如《天上的街市》[③],对实际还处于小学阶段的学生而言,它的想象与热情已足够学习的了,可老师偏要用大量篇幅来介绍背景,告诉学生郭沫若写这首诗的时候很痛苦,是反衬。于是课堂上讨论的问题就转向了社会的"黑暗"。我们毫不怀疑一个勤于查找相关资料的老师是努力的老师,这些资料对于教学来说也绝对

[①] 学科教学知识,pedagogical content knowing,由美国著名教育家 L. 舒尔曼最早提出
[②] 此文入选沪教版二期课改初中语文教科书(试用本)七年级(上)
[③] 此文入选沪教版二期课改初中语文教科书(试用本)六年级(上)

是有用的,问题是这种"用"并不一定直接体现在课堂的教学内容中,有时候,不适当地引用反而是一种错误。课堂教学应该允许学生有不知道的东西(谁没有?),但不可以让学生知道不正确的东西,这种"不正确"应该包括教学内容上的不适当。

还有就是对学情的分析。随着教育的现代化,这个问题现在越来越受到重视,很多学校不仅要求老师写教案,还要写学案。但真正的学情不在纸上,而是课堂上。这一点我们将在第二个问题里讨论。

以上的分析并不是对现存课堂教学状况的批评,更不是对老师教学能力的否定,我们试图要说明的是:预设本身就有存在问题的可能性。我们已经说过,预设是一种假设,它在求证过程中可能有正确与否两种结果,而如果预设本身就可能存在问题,那么,它就更加意味着我们无须或者不应将教案的推进看作是课堂实现的第一需要。这是把课堂还给学生的最本质的意义之一。

第二,学生心智的成长应成为评判课堂教学成功与否的标尺

因为要把课堂还给学生,重视与学生的互动,所以当下语文课堂上基本的教学形式是师生问答。语文课绝大部分是由教师的发问串联起来的,据说有的老师在一堂课上提出了几百个问题。且不说问答是否为课堂有效教学的唯一方法,单就问题的有效性来说,就非常值得推敲。事实上,提问是课堂上费时最多的环节。一个简单的问题,如果用问答的形式来完成,往往需要耗费成倍的时间。这并不意味着对问答这一形式的否定,因为"过程与方法"也同样是

我们在课堂上要追求的目标。但对问答内容的高度重视，至少在当下，显得比形式还要重要。

课堂上的问题应该是分层级的，也就是说，发问应该有不同的形式和目的。有的问题是设问（姑且用这个词把它和"提问"区别开来），答案非常简单，绝对没有异议。比如在学习《晋祠》①这篇课文时，有老师问："《晋祠》这篇说明文的说明对象是什么？"这和笑话中的问"春风杨柳多少条"没有什么两样。如果说这个问题还有那么一点点意义的话，那就是把学生的注意力吸引到课文上来。出于这样的目的，这种发问课堂上有学生应和就可以了，完全不需要请同学一本正经站起来回答。有时，大家都已经说了答案，老师却还是说："我请一个同学来回答。"这样的形式，不仅浪费了课堂上的宝贵时间，而且割裂了老师和学生的自然联系，形成一种僵化。

有的问题是提问，是真的要学生回答的。这里面更有种种值得思考的地方。

我们在这里要讨论的，是在问答形式下的课堂主权。如果真的认为课堂是学生的，那么首先不应该纠结于问题本身。有时学生不能回答老师的问题，不是他们不知道问题的答案，而是他们不曾听明白问题本身。就如同考试不是不知道答案，而是读不懂题干一样。比如，同样是上《晋祠》，老师反复问："圣母殿有什么特征？"同学木然。如果改一下，让学生考虑："如果你是导游，带领别人去参观圣母殿，你觉得最要告诉游客的是什么？"大概没有学生会感到

---

① 此文入选沪教版二期课改初中语文教科书（试用本）九年级（上）

无话可说。这里反映出的问题是：不是学生不知道文章所写的圣母殿的"可供识别的特殊征象或标志"①，而是他们不知道，这种"可供识别的特殊征象或标志"就是"特征"。从语文学习的角度来说，这时候需要解决的问题，首先是让学生从文章对圣母殿的描写中知道什么是特征，而不是执着于教师预设中的"圣母殿有什么特征"。

其次，也是最重要的，是对学生回答的反应。大部分老师、在大部分情况下都会对学生的回答表示赞赏。笔者曾在课后与一位老师交流，问她为什么所有学生回答的问题，你都说好。她说是为了鼓励学生的积极性。因为初中阶段他们可能还会举手发言，到高中就不会了。所以要保护他们的积极性。这里有好几个问题：第一，我们为什么要学生回答问题？如果错误的答案也得不到纠正，这样的发言积极性保持着又有何用？第二，如果要保护学生的积极性，那又应该怎么保护？对学生的回答一律说好，实际上不是保护，而是一种戕害。表面上的尊重学生，其内涵却是希望学生有一份好心情以配合教师完成教案。

更为普遍的是，有些教师把提问作为寻求预设标准答案的过程，关注的不是学生讲了什么，而是学生有没有讲出我要的答案。如果有，就很高兴；如果没有，就努力"引导"——就是没认真听学生究竟讲了什么。因为我们的教学设计是由问题串联而成的，前一个问题的答案（而且必须是和预设答案相符合的答案），往往是后一个问题的前提；前一个问

---

① 现代汉语规范词典[Z] P1277 北京．外语教学与研究出版社、语文出版社 2004.1

题不得到解决,后一个问题就无法提出,教学就无法顺利进行。在这种情形下,学生在回答问题时所发出的丰富复杂的信息,教师接受时就很容易被简化为"是"或"否"的两元对立,而评判的标准就是预设的标准答案。毫无疑问,在这种情形下,课堂当然是教师的,而不是学生的。

把课堂还给学生,就意味着不应该以预设目标为准绳来评判学生回答或发言的正确与否,而应该判断其对于学生的学习有无普遍价值,也就是说,学生的回答或发言中暴露的问题,对于他们正在学习的知识与技能、过程与方法以及情感、态度、价值观的培养是否是有意义的。这个"意义"是相对教育而言的,而不是相对教师预设的答案而言的。换句话说,从回答老师预设问题的角度来说,学生可能有误,但他提供了一个有用的信息,这就是意义。只有充分重视了这个意义,课堂才真正是学生的。

由于采用"是"或"否"两元对立的思维模式,教师对属于"否"的那部分内容基本上采取的是置若罔闻的态度,或关注于取其"精华",为我所用,努力从学生的回答中找出符合预设答案的内容。在学习《游褒禅山记》[①]的时候,老师让学生找一些有"志"的事例。有位同学说:"周恩来为中华之崛起而读书,'为中华之崛起'是'志',读书是把'志'转化为'力'。"他注意到了"志"与"力"的关系,并认为它们可以相互转化,显然比教师预设的"要有'志'"更深了一层,但对于这样精彩的发言,老师还是把它拉回到了"要有'志'"这一层面。

---

① 此文入选沪教(实验)、沪教(试用)、鲁教、人教、粤教版语文教科书

常见到一些比较优秀的老师,教学设计的思路非常清晰,教学环节非常流畅,构成了一种不忍心破坏的完整性。越是这种情况,越容易成为教师的课堂,而不是学生的课堂。某老师上《〈宽容〉序言》①,设计了两个问题:① 漫游者被杀的悲剧有无避免的可能? ② 漫游者有没有预见自己的结局?想用一个否定和一个肯定来强调漫游者的人格精神。没想到出现了不同的答案。学生说,可以避免,只要他晚点回来。对于这个问题,很可以借助文本,读懂漫游者牺牲的价值进而理解他的精神世界,老师却因为不在自己的思路内而放掉了。

有一堂《想北平》②的课更能说明问题。老师设计了一连串问题:你去北京你会去哪里?《想北平》写了哪些景物?这些景物和我们关注的有何不同?作者写这些景物是否刻意的?这样行云流水般地下来,老师预设的最后结论,是说作者写这些景物不是刻意的,而是感情的自然流露,然后便可顺势引领学生去体会老舍对北平的深厚感情。但学生偏偏在最后一个问题上和老师拗了一下,回答说是刻意的。尽管老师在课后的反思中也发现自己为什么没有顺着那位同学的思路,让学生领略老舍是怎样刻意选取普通景物来表达感情的,但在课上,他还是放弃了。因为他要完成他的预设的教案。这时候的课堂,是教师的课堂。

认真倾听学生发言并作出准确、快速反应的情况,在课堂上还没有成为一种常态。这不仅是因为它要求教师视野

---

① 此文入选沪教(实验)、沪教(试用)版语文教科书
② 此文入选沪教(实验)、沪教(试用)、语文版语文教科书

开阔、思维敏捷、能迅速发现意义所在,更是因为它涉及到一个关键性的问题:课堂是谁的? 如果只在口头上解决这个问题,那么就永远不可能有真正意义上的学生的课堂。

二、过硬的教学基本功

可以说,有关语文素养的种种,都和教师的教学基本功直接有关。"一手好字,一口标准的普通话"更是被称为教师的"童子功"。这话很有道理。所谓"童子功",指在孩童时期就打下扎实基础的本领。说明这些本领的练就,并非一朝一日之功,是要有长期积累的,而且必须是在早年就开始的。但这也反过来说明,如果有人"先天不足"的话,后天弥补就有一定的难度。而且这些带有技巧技能性的本领,还和天生的禀赋有关系,有人很容易做好,有人却下了很大工夫还做不好。比如普通话,有人未经严格训练,就能达到一级以上的水平,有人却"乡音难改"。写字也是如此,把字写端正、写规范、写熟练,很多人都可以做到,但要写漂亮,写得有书法艺术的味道,这却是很多人苦练都未必练得出来的。我们不妨再反过来想:能写一手好字,能说一口标准的普通话就一定能上好课吗? 当然不是。教师能写一手好字,能说一口标准的普通话,当然对学生的语文学习很有帮助。这种帮助体现在两个地方:一是在口头和书面语言表达的某一层级(我们前面说过,"口头语言"和"书面语言"的表达各有几个层级)有示范作用;一是能增加教师的个人魅力,引起学生对语文的喜爱。教师在这些方面有不足,自然是一种遗憾,但有时竟是无碍大局的。目前我们所看到的在语文教育方面成就卓著的特级教师,并非个个都具备上面所说的"童子功",但这似乎并不影响他们的教学,甚至丝毫不影响他们的个人魅力。回想笔者受教育的经历,印象最深刻的,却是老师那带有口音的话语。这种情况的出现和现代媒介的高度发达有关。我们每天从广播和电视上能听到大量的标准的普通话,学生在这方面能自然习得,加上汉语拼音注音,学生有时比教师更清楚字的读音。有时我们甚至会在课堂上看到这样的情形:老师按方言的读音读了某个字,学生笑着在下面纠正,教室里其乐融融。

西方有些学者,就教师的特征与其职业成就之间的关系做了调查和研究,结果发现,一些我们想当然地认为和职业成就有关的因素,其实并没有特别重要的作用。比如教师的智力和知识水平。莫斯(J. E. Morsh)和怀尔德(E. W. Wilder),巴尔(A. S. Barr)和琼斯(R. E. Jones)分别于1954年和1958年作过研究,证实教学效果和教师的智力并无显著的关系。巴尔和琼斯以及其他研究者还发现,教师的知识水平同学生的学习成绩也无显著相关。这并不是说,教师不需要智力和知识水平,而是说,教师只要具备一定程度的智力和知识水平,就有可能取得良好的教学效果。反过来说,教师的智力和知识水平只有在某一关键水平之下,才对教学效果有影响①。教师基本功和教学效果的关系,基本也是如此。

这并不是说,教师不需要具备"童子功"。相反,语文教师应该而且必须在这方面具备一定的条件。我们坚信"写一手好字,说一口标准的普通话"对教师、对教学都是大有

---

① 皮连生.学与教的心理学[M] P8 上海.华东师范大学出版社.1997.5

益处的,提倡教师在"写一手好字,说一口标准的普通话"上下功夫。尤其是在学生自然习得条件比较差(比如偏远地区)、自然习得能力比较差(比如低学段)的地方,教师的示范作用尤为重要。但也必须注意教师基本功的一些特征:

教师基本功的基础性特征

所谓基本功,意味着它是某项工作的起点,没有它,教学工作就无从进行。但不等于有了它就一定能上好课,而且也不应该对其有过高的要求。

在普通话水平方面,国家语言文字工作委员会、国家教育委员会、广播电影电视部颁布了《关于开展普通话水平测试工作的决定》和《普通话水平测试实施办法(试行)》,从1994年10月30日起实施由国家普通话水平测试委员会对相关人员进行普通话水平测试。测试按照国家语委组织审定的《普通话水平测试大纲》用量化评分的方法将普通话水平划分为三级六等。《普通话水平测试实施办法(试行)》第十二条"现阶段对一些岗位和专业人员的普通话等级要求"规定:"教师和师范院校毕业生应达到二级或一级水平,语文科教师应略高于其他学科教师的水平"。这个"略高于"在考《教师资格证》时具体化为二级甲等。按照国家语言文字工作委员会和国家教育委员会、广播电影电视部颁布的《普通话水平测试等级标准(试行)》,二级甲等的要求是"(测试得分:87分—91.99分之间)朗读和自由交谈时,声韵调发音基本标准,语调自然,表达流畅。少数难点音有时出现失误。词语、语法极少有误"。基本准确和允许失误,恰到好处地体现出了教师基本功的基础性特征。

书写方面还没有那么明确的量化标准。虽然教育部语言文学应用管理司有出台汉字书写等级标准的打算,但还没有像普通话水平测试那样的一套完整的操作体系,而且其对象也仅限于大中小学生。"好字"的表述是不严密的,无从量化的。如果汉字书写的最高境界是书法艺术,那么从教师资格证对语文教师普通话水平的要求,大体可以推断,对语文教师汉字书写水平也应该不会要求达到最高层级。

教师基本功的综合性特征

课堂教学是一项综合性活动,因此教学基本功也是综合性的。某一方面的强项可能在形成教师的教学风格时起作用,但不能替代基本功的其他方面。

根据教学基本功的基础性和综合性特征,我们知道这一定是个多元组合,是构成教师职域的多重因子。因此我们更愿意把它理解为一种多方位、立体化的技能。

(一) 教学设计能力

教师教学的第一步工作,是把教科书上的"文本"改变成可以在课堂上教学的"课本"。也就是说,完成如何把教科书上的文本教给学生的思考。从具体操作的角度来说,就是备课,完成教案的设计。长期的学科教学研究,已经为教案设计总结了一些基本步骤,比如备内容,备情感,备方法,备语言[1]等;也规定了教案的一些基本内容,如教学目标,教学重点,教学难点,教学过程,作业要求等。但这些都不能替代教师的思考,也不应制约教师的发挥。从教科书上的文本,到课堂上的教学,这里面有大块空间是给教师发

---

[1] 参见沈龙明.实用课堂教学艺术[M]P5 长春.东北师范大学出版社.2001.3

挥的。教学设计是否合理,操作性有多强,能否在课堂上达成预设的效果,都反映出教师的教学基本功。

　　有教师在分析《香菱学诗》①这篇课文时,列举了三种"教学内容的确定":一是以"香菱的三首诗"为教学的主要内容,逐首解读"为什么一首比一首写得好,好在哪里"? 二是以"林黛玉对香菱的诗教"为教学的主要内容,讲解"熟读唐诗三百首"的原由和详细要求。三是以"林黛玉、香菱"这两个人物为教学的主要内容,分析出"林黛玉是个好老师,香菱是个好学生"的人物性格和形象,并分别评价为对课文的"误读""歪读"和"浅读"。其实,与其说是文本解读上的问题,不如说是教学设计上的问题。就香菱的三首诗来说,当然是一首比一首好,通过它来看看什么是好诗,也未尝不可。因为我们平时所学多为好诗,什么是不好的诗倒是不常见,尤其是同一题材,又排列在一起,对于诗的高下优劣的体会,的确会是不同一般的,说它"误",倒也未必。林黛玉对香菱的诗教更是大有讲头。古人写诗作文,每有争议,或是本色对文采,或是文采对格律,曹雪芹在写香菱学诗时,借他人酒杯浇自己块垒,力主"不以词害意",确实代表了他对诗歌创作的看法,如此读它,倒也不能说"歪"。"好老师""好学生"之说,也不无道理。林黛玉教诗,从阅读开始,有布置,有检查;渐致"命题作文",直言不讳又真诚恳切;香菱学习努力,肯钻研,也有悟性,说是好老师、好学生也不为过。问题是:我们要"教的",必须是""对的";但"对的",却未必是我们要"教的"。这里必须有相对教材、针对学情的

---

　　① 此节选文为沪试验第六、沪试用第 1 册教材

一个转换的过程。教师必须有能力完成这样一种转换。

特别需要注意的是,这种转换的基础是相对教材、针对学情而言的。文本在什么学段、哪个单元出现,单元教学的目标是什么,以及教师个人和学生的情况,都是转换的依据。试图一劳永逸地完成转换,形成固定不变的"教学内容",是不可能也不正确的。

(二)课堂调控能力

我们在前面已经说过,教学设计只是一种假想,这种假想能否在课堂上得到印证,不是教学好与坏的标准。课堂教学的目的是为了学生的学习与成长,教师要密切注意课堂反馈,从中发现问题,解决问题。在这方面的调控能力,也是教师重要的教学基本功。

关于教师和学生的关系,前辈有"学生为主体,教师为主导"的提法[①],在大力提倡生本教育的今天,这个口号其实并未过时。以学生发展为本,是我们教育的目标;而要达成这个目标,教师是起主要作用的。卡内基财团组织的"美国教师专业标准委员会"编制的《教师专业标准大纲》强调教师的第一责任在于参与并帮助学生的学习与成长。这是一份迄今为止最明确地界定了教师专业标准的文件,它对于教师作用的定位是被公认为正确的。

微观到课堂上也是如此。教师作为学生学习与成长的第一责任人,需要对课堂有掌控的能力。这种掌控不是对学生的压制,恰恰相反,它是对学生学习积极性的保护,是

---

① 教育部师范教育司组编.钱梦龙与导读艺术[M]北京师范大学出版社.2006.4

对主要学习问题的发现,是对课堂气氛的调节。在这方面,教师必须是个专家,要"了解他们所教的学科中的知识结构。这种知识向他们提供了引导学生完成给定作业的认知路标,用以评定学生进步的评价方法以及教室里以问答形式提出的问题。专家教师对学生特别难以掌握和容易掌握的学科知识领域是敏感的:他们了解可能阻碍学习的概念屏障,所以他们会注意学生错误概念的这些暴露症状。以这种方式,学生的先前知识和教师的学科知识都成为了学习者成长的关键组成部分[1]"。教师要胸有成竹地把握这一切。

（三）作业布置和批改能力

作业既是教学内容之一,也是教学反馈之一。布置作业,最便捷的方法是采用教科书上的习题,但由于学情的不同,很多老师会另外设计和布置习题,这是值得倡导的做法。

作业的形式应该灵活多样,不仅可以是书面的,也可以是非书面形式的。布置优质作业并保证它的有效实施,无疑是教师基本功的重要内容。

批改作业,不仅是对学生学习情况的检测和评价,也是对自己教学效果的检测和反思。批改作业不仅要有认真的态度,还要有判断能力、反思态度和恰当的表达。

语文作业大量是主观性的题目（其中最典型的是作文）,快速、准确地下达判断,是教师的基本功。《儒林外史》第3回中有这么个情节:周学道将范进的卷子用心用意看了一遍。心里不喜道:"这样的文字,都说的是些甚么话!

---

[1] 约翰·D.布兰思福特等.人是如何学习的[M] P270 上海.华东师范大学出版社.2002.9

怪不得不进学。"丢过一边不看了。又坐了一会,还不见一个人来交卷,心里想道:"何不把范进的卷子再看一遍?倘有一线之明,也可怜他苦志。"从头至尾,又看了一遍,觉得有些意思;第三遍看的时候,感叹:"这样文字,连我看一两遍也不能解,直到三遍之后,才晓得是天地间之至文,真乃一字一珠!可见世上糊涂试官,不知屈煞了多少英才!"[①]

我们且不讨论小说中这个情节的意义,单就叙事而言,作者生动地写出了批阅文章时很可能出现的情况——判断的主观性。这里面有多种可能性存在:也许范进的文章确实好,但周进初时看不出,这说明他有判断能力,但水平不高,需要在反复阅读的情况下才能做出准确判断;也许范进的文章并不好,周进多看了几遍却觉得好了,这说明他的判断能力很有问题。不管哪一种情况,都反映出判断的主观性。语文的作业完成得如何,往往没有客观量化的标准,判断者的主观在其中起主要作用,这就需要教师在这方面有判断的基本功。

教师基本功还包括恰当地表达自己的判断。一般作业可以用"√""×"来表示"对"或"错",但主观性的题目却很难这样来表示,教师一般要用文字来表述自己的意见。除了表述的准确、简明以外,语气是亲切还是严厉,措辞是含蓄委婉还是一针见血,都得视具体情况而定,因此表述的恰当与否,成了衡量教师基本功的尺度。

(四)命题出卷能力

由于最重要的考试——中考和高考——只有极少数有

[①] 吴敬梓.儒林外史[M]上海古籍出版社.2006.7

资格的教师参与命题,另一些相对比较重要的测验也会由上一级的部门来命题,因此有些基层教师会把精力放在析题甚至猜题上,觉得反正自己介入命题的几率等于0,用不着在这上面下工夫。其实不然。命题出卷,是教学评价的手段之一,是教师必须掌握的基本功。

教学评价的方法很多,命题出卷是其中最常用的一项。教师应该能灵活运用各种题型来检测学生的学习情况,还应该能把握整张试卷的坡度、效度、信度,并且有分析试卷的能力,能从试卷情况的反馈中,发现对教学有意义的内容。这里的"有意义",包括对教师教学的反思。当试卷上满是红叉,或某一道题红叉频频出现的时候,不是学生有学习障碍,就是教师有教学问题——在大部分情况下,两者是交叉重复出现的。所以,说到底,命题出卷的能力,就是教师教学评价的水平,是必须掌握的基本功。

三、独特的教学风格

在目前的教育情况下,教学基本上是一种个人行为,由单个教师承担某一门或数门课的教学。每个教师在知识结构、智能结构、教学经验、个性特长、兴趣爱好等方面都是独特的"这一个",因此一个真正优秀的教师,必然有自己的教学风格。

教学风格不是模仿出来的。在教师培训和教研活动中,公开课是时常采用的一种形式。如同上课需要"课本"一样,研究课堂教学也需要"课本",公开课就是这样的一种"课本",也叫"课例"。但也会有些教师把这样的公开课误为示范课,亦步亦趋,照抄照搬。用急功近利的眼光看,对于教学基本功比较差的老师,示范课可能会较快地把他们教会。但从长远来看,这一定不是好办法。不仅教师的基本情况各各不同,犹为重要的是,我们的教育对象学生,更是千差万别。依样画葫芦是一定画不出好画来的。

教学风格是逐步形成的。每位教师都有自己的长处和短处,要学会审视自己,扬长避短,发挥优势,在课堂教学的实践中逐渐形成自己的风格。

第四章　语文教师的文学品质

第一节　文学品质的必要性

语文是对语言文字的学习,而文学是运用语言文字的艺术,语文教材中的大量选文都是文学作品,因此文学品质便成为语文教师必须具备的素养。

一、文学是什么

这是一个过于宏大的问题,显然不适合在这里讨论。我们之所以把它提出来,是为了澄清一些在语文教学中最容易发生误解的问题。

文学和生活的关系

我们过去一直认为,文学和生活的关系只有一个答案:那就是文学是生活的反映。诚然,是有这样的情况,还有很多关于这个问题的论述。弗吉尼亚·伍尔夫就说过,小说的任务在于"尽可能不夹杂任何外在异物"地将生活表现出来[1]。但也有人认为,是生活在模仿艺术,"一位艺术家就

---

[1] 伍尔夫.普通读者[M]P107 北京十月文艺出版社.2005

是优美事物的创造者①"。中央电视台春节联欢晚会上漂亮女演员的衣服,瞬间就会流行,就是生活在模仿艺术。在讨论现实世界和小说世界的关系时,有人认为,现实世界和小说世界无关,因为现实世界不同于小说世界,现实世界小于小说世界,或现实世界大于小说世界;也有人认为现实世界和小说世界有关,因为现实世界和小说世界有联系,现实世界等同于小说世界,现实世界为小说世界提供材料,或现实世界和小说世界具有统一性。② 文学家和批评家的观点众说纷纭,恰恰指出了一个关键性的事实:文学与生活的关系并没有我们所想的那么简单,更没有一个绝对的答案。

受反映论的影响,我们的学生也会简单化地看待文学作品。比如学习契诃夫的小说《小职员之死》③,教师在课前预备时听到有同学说:"一个喷嚏最后导致了一个人的死亡,这怎么可能呢?"老师抓住这一问题,作为教学的切入口。先是分析课文,让学生看契诃夫是如何一步步地描写小职员的心理的,然后再向学生介绍当时俄国的社会背景,最后引导学生理解小职员之死。从整个过程来说,几乎看不到有什么不当,但问题却还是发生了。因为教师引导学生最终理解的是:小职员之死,在现在社会看来是不可能发生的,但是在当时社会是可能发生的。问题非常明显地突现了出来:契诃夫这个作品是在表现当时社会"可能发生的事"吗?还是细节上的"不可能"恰恰最生动地表现了生活中的"可能"?

---

① 奥斯卡·王尔德. 格雷的画像·前言. 黑龙江人民出版社. 1988
② 刘阳. 小说本体论[M]P214—221. 上海世纪出版集团. 2010.8
③ 本文入选沪教版初中语文教科书八年级上

从这个课例中可以看到，我们对文学与生活的关系的认识是机械的，我们坚持要文学成为生活的反映，而且是镜子式的反映。或许，对于《西游记》这样的作品，我们会因为它是"神话小说"而对它是否真实的问题松一口气，一旦阅读到写现实的作品，如果出现不是生活中"可能的"描写，我们就感到气短起来。本来，"小职员之死"的情节是否真实，是一个很好的切入口，从这个入口处进去，细致地分析课文，我们可以让学生看到契诃夫是如何以夸张的笔法将小人物那种可怜而又可悲的心态放大，在带有荒诞的情节中，表现现代社会人际关系中尴尬的一面。可惜，由于我们对文学的本质认识不够，急于要向学生证实这是"可能发生的"，结果导致对文学作品的狭隘理解。充分认识文学和生活的错综复杂的关系，对于我们理解文学作品显然是大有裨益的。

文学和道德的关系

文学作品一旦进入我们的视野，就有了"范本"的味道，连带对它的作者也会肃然起敬。其实，作品不等于人品。文学作品的成功与否，一方面是看它的内容是否表现出了人们公认为应该被表现而尚未被表现的东西，另一方面是看它在文学史上所处的地位。从文学发展的角度来说，任何一位文学名著的作者都是伟大的，但从人格上来说，又都不是完人；任何一部世界名著都是辉煌的，但又都不是完美无缺的。毛姆说，他是普鲁斯特《追忆似水年华》的"狂热崇拜者"，作品的每一个字他都读得津津有味，甚至宣称"宁愿读普鲁斯特的书读得倒胃口，也不愿为了自娱去读其他作家的书"。但是读了三遍之后，他还是打算承认，"他的书并非每部分都是很有价值的"①。其他作家和作品的情况更是如此。王尔德甚至认为:"文学作品无所谓道德不道德。②"只有写得好与写得坏。消除对作家和作品的盲目崇拜,有助于建立健全的独立人格,也有助于更好地理解作品。

作品中的人物也是如此。"他"或"她",只是一个文学形象而已,不是道德典范。在文学创作初期,尤其是来自民间的文学作品,类型化人物比较多。比如《三国演义》中的曹操、刘备、诸葛亮,我们几乎可以毫不费劲地和"奸相""仁君""贤相"划上等号。这种简单化的人物性格因其容易被记住,而为人们所喜欢。因为"一般听众对自己所熟知的人物和故事比对自己还很生疏的题材和音调还更喜闻乐见③"。当代学者傅继馥首次将这种性格强化的人物称为"类型化艺术典型"。这也就是所谓的好人全好,坏人全坏。在这种情况下,文学与道德的关系比较简单。但即使如此,人物仍然会有其深层的心理冲突。有些学者坚持不同意说《三国演义》的人物是类型化的,原因就在于还是可以在这些人物身上找到相互矛盾的一些侧面。比如说关羽,他是个忠勇的大将,但是他也骄傲自大,感情用事,对蜀汉大业的颓败有不可推卸的责任。曹操尽管奸诈,但他有胆有识,任人唯贤,等等。

到了文学创作的成熟期,文学人物越来越丰富、复杂,我们会遇见许多说好不好,说坏不坏的人物。雨果在《九三

---

① 毛姆.跳跃式阅读和小说节选.毛姆读书心得[M]P10 上海.文汇出版社 2011.1

② 奥斯卡·王尔德.格雷的画像·前言.黑龙江人民出版社.1988

③ 朱光潜.谈美书简[M]P27 北京.人民文学出版社 2003.5

年》中,写了朗德纳克、郭文和西穆尔登三个主要人物,从政治上来说,前者是叛乱首领,后二者是共和国的高级军官,他们互为敌人,都以消灭对方作为自己的行动目的。作者并没有把叛乱首领朗德纳克写成一个面目可憎的坏人,他果断、敏捷,有领导才能,而且临危不惧,甚至为了挽救三个孩子的生命而不惜牺牲自己。面对敌人的高尚举动,郭文以自己的生命为代价放走了朗德纳克,而西穆尔登在处决郭文的同时也用一颗子弹洞穿了自己的胸膛。作者这样写,是因为他觉得"在绝对正确的革命之上,有一个绝对的人道主义"。在人道主义的旗帜下,政治倾向不同的人,表现出了同样高尚的人格。在这种情况下,文学与道德的关系变得错综复杂起来,我们很难用"好"与"坏"来区分文学人物。

过去,我们对文学作品的解读带有浓厚的政治色彩,分析文学人物用的是阶级分析方法,所以玛蒂尔德①、埃克托尔②都是被批判的,因为他们都不是底层的劳动人民。现在"拨乱反正"了,这些小人物的"优点"一下子被挖掘出来了:玛蒂尔德刻苦耐劳,埃克托尔勇于担当……这种翻案文章做得不好,其实是从一个陷阱,掉进了另一个陷阱。表面上截然相反的两种观点,揭示的却是同一个事实:我们仍然认为文学是一种道德评判,坚信文学人物是分正反面的,正面人物一定是好的,反面人物一定是坏的,并且与正面人物演对手戏的,就一定是反面人物。这种僵化理解文学与道德的关系的情况在语文课

---

① 莫泊桑《项链》中的人物,此文入选沪教版(试用本)、实验版、北京版、粤教版高中语文教科书。
② 莫泊桑《骑马》中的人物,此文入选沪教版(试用本)、人教版、鲁教版语文教科书。

堂上可说是屡见不鲜。卖油翁谦虚,康肃公便是骄傲自大①。殊不知,很多文学人物、尤其是优秀文学作品中的人物,恰恰不是那么褒贬分明的。托尔斯泰在谈文学创作时就说过:"所有的人,正像我一样,都是黑白相间的花斑马——好坏相间,好好坏坏,亦好亦坏……"他甚至刻意追求褒贬不分明的效果,说:"我注意到,任何作品,任何一篇小说,只有当它在人们无法弄清作者究竟同情谁的时候,才能够产生深刻的印象。②"

  文学作品都有一定的道德倾向,但不是道德教科书,作家和作品中人更不是道德典范。相反,文学作品在一定程度上是有"反道德"倾向的。比如英国作家哈代的长篇小说《德伯家的苔丝》(一译《苔丝》),说的是一个出身贫寒的姑娘最终沦为杀人凶手的故事。按照我们的道德,苔丝这个女孩在婚前就失去了贞节,后来又持刀行凶,她应该是被谴责的对象,她最后被判处绞刑,应该说是罪有应得。然而作品却没有这么表现。作者的副标题公然称她为"一个纯洁的女人"。为什么苔丝是纯洁的呢?因为她一生中无时不在向往着人生的真和善。由于家境贫苦,她少年时即开始负起家庭生活的重担,她不得不忍受有钱的少爷对她的玩弄。但她心中真诚的爱情并没有泯灭,在与青年克莱相遇后,她便把一腔热爱都奉献给了他。出于爱和善良、宽容的天性,她原谅了克莱在爱情中所犯过的错误;同样出于爱和善良,她向克莱坦白了本来不属于她的错误的那段往事,但

---

  ① 欧阳修《卖油翁》中的人物,此文入选沪教版二期课改初中语文教科书(试用本)七年级(上)。
  ② 戴启篁译. 列夫·托尔斯泰论创作[M] P82.广西.漓江出版社.1982

克莱却不能以同等的态度来对待苔丝,出于自私和偏见,他抛弃了苔丝。苔丝历经坎坷,终于做出了与不公平的社会现实同归于尽的决定。作者饱含关切和同情来描写这个精神和肉体上都饱受蹂躏的女性形象,表现出对维多利亚时代道德的一种反叛,因而当时就有人斥之为"不道德"。

张生和崔莺莺的故事在《会真记》里是按照当时的道德来写的,男主人公本是"非礼不可入"的君子,被"颜色艳异,光辉动人"的莺莺所惑,有了私情,但还算能自律,"始乱之,终弃之",最后一拍两散,成了"善补过者"。而杂剧《西厢记》就不同了。张生和莺莺做了违背礼教的事,作者却还要让他们洞房花烛,金榜题名,"愿普天下有情的都成了眷属",这在当时是不道德的。也正因为如此,《西厢记》的文学价值才大大超过了《会真记》。

翻阅文学史,看看文学作品中的那些风尘女子:李娃、杜十娘、茶花女,哪个不是纯洁、善良,有忠贞的爱情和优美的恋史?看看文学作品中的那些罪犯:武松、鲁智深、罗宾汉、佐罗,哪个不是正直义勇,劫富济贫?看看文学作品中的婚外情:安娜·卡列尼娜、弗朗西丝卡[1],哪个不是情感高尚,有精神追求?"道德是群体生活的准则","或者说,道德是为了调节个人、他人、群体利益而'发明'的一种理性安排[2]",它会和生命发生摩擦,它也会因为另一些更为严重的不道德而使某个不道德行为成为情有可原。文学表现的往往是道德的这一些方面并由此引起我们对现存道德的反思。

---

[1] 美国作家罗伯特·詹姆斯·沃勒的小说《廊桥遗梦》的女主人公
[2] 高德胜.道德教育的时代遭遇[M]P137 北京.教育科学出版社.2008.6

文学和意识形态的关系

2011年1月19日,著名钢琴家郎朗受邀前往白宫,在美国总统奥巴马为中国国家主席胡锦涛举办的国宴上进行演奏。其中一首《我的祖国》由于改编自抗美援朝影片《上甘岭》的主题曲,引发了人们的议论。后来,这件事由于宾主双方对艺术的尊重和对意识形态的理智态度而没有产生任何不良影响。文学上也多有类似的事件,以至语文教科书被当作了政治风向标,任何一篇选文的入或出,都会被"上纲上线"。

文学当然从属于一定的意识形态,但它同时是一个艺术作品,它是筋络贯通、血脉调和、生动饱满的整体。读起来新鲜活泼,余味无穷。有位老先生在谈到诵读的时候说:好的诗文可以"读出一股气势来,读出一种气氛来,这是学习语文的最佳情境,是一种类似磁场一般的'语文场'"[①]。朗读是如此,阅读也是如此。如果不注意文学的这种整体性,断章取义,为我所用,势必会搞得血崩脉坏。比如鲁迅的散文名篇《秋夜》,是一篇用笔洗练寓意深刻的优秀散文,有的教师为了帮助学生理解,把它割裂开来,机械地"对号入座",说"'枣树'代表××党","'天空'代表××党",结果学生反而大惑不解,还闹出了好多笑话。

文学是人学。文学以表现人生为目的,不一定非要与政治理论直接有关才是好作品。甚至优秀的作品可以超越政治而成为人类的共同财富。前苏联作家奥斯托洛夫斯基

[①] 商友敬. 熟读深思子自知[A] 坚守讲台 P132 上海. 华东师范大学出版社 2006.2

的自传体长篇小说《钢铁是怎样炼成的》[1],描写保尔·柯察金怎样在革命的大熔炉中锤炼成钢铁战士。这部作品的背景是前苏联的社会主义革命。整部作品的主题是探讨人生意义,并把人生的价值定位在为"世界上最壮丽的事业——为人类的解放而斗争"。苏联解体后,乌克兰演员安德列·萨米宁接受邀请在电视剧《钢铁是怎样炼成的》中饰演保尔,当人们问起他对这部电视剧的政治性的看法时,他说:"当恋人、亲人、朋友,甚至双目都失去,全世界只剩下他一个人去面对的时候,保尔克服了内心的痛苦,没有放弃生命,放弃希望,坚持下去,坚持一个有意义的人。这种积极乐观的人生态度,永远有意义,所以也永远不会过时。[2]"

我们有时会以当代的意识形态为标准,对文学作品进行批评,尤其是古典作品,和现代政治理论挂得上钩的部分成了"精华",而其余部分则成了"糟粕",一部完整的作品成了"精华"与"糟粕"的杂烩,这是非常不可取的。

二、文学与语文教育

目前所使用的语文教科书,不论哪个版本,选文都是以文学作品为主的。这里需要弄清的问题是:为什么语文教科书的选文要以文学作品为主?是为了培养学生的文学创作能力吗?答案显然是否定的。尽管有一些在课外活动的文学社团,但语文课不承担培养作家的任务,应该是达成共识的。教材选入文学作品的原因非常简单,因为文学作品

---

[1] 此书为全日制义务教育语文课程标准附录建议的课外读物
[2] 新民晚报.2000年5月3日

是语言艺术的精品。学习文学作品的目的只有一个,那就是为了提高学生的语文素养。

我们在前面已经确认语文课主要是学习书面语、学习文学作品——学习它的语言表达的,那么语文教育中的文学教学就应该确立以下几个原则:

(一)在明确"写什么"的基础上,把重点放在"怎么写"上

当一篇文学作品放在面前的时候,我们的第一反应往往是它"写了什么"。很多老师在课堂教学中设计的第一个问题,往往也是关于这一点的。比如,学习葛剑雄的散文《邂逅霍金》,老师设计的第一个问题就是:"我们来看一下,作者写了一件什么事。"[1]"写了一件什么事",是叙事性文学作品的最显著的特征。即使是非叙事性的文学作品,只要把"一件事"三个字拿掉,"写了什么"依旧是教学的第一关注点。这当然是无可厚非的,因为"写什么"是对文章内容的确认。然而,就文学作品的本质来说,有时更重要的却不在于"内容"而在于"形式"。这里有几个原因。第一个原因是:"世间可想到可说出的话在大体上都已经从前人想过说过",文学作品的价值往往不在于它想出了从前人没"想过说过"的内容,而在于它不同寻常的想与说的方式,"变迁了形式,就变迁了内容"[2]。比如,在中国古典诗歌中,乡思惆怅是常见的"内容",这个"内容"对读者(包括学生)来说已毫无新鲜感可言,可是我们仍在被这样的一些诗歌所感

---

[1] 采自上海市进才中学某师教学录像。
[2] 朱光潜.谈文学·选择与安排[M]桂林.广西师范大学出版社 2004.11.

动,关键就在于"形式"。正如朱光潜先生所例举的,"袅袅兮秋风,洞庭波兮木叶下"和"菡萏香销翠叶残,西风愁起绿波间","表现同样的情致,而各有各的佳妙处"①。语文课要学习的,正是这种"佳妙处"。

第二个原因是:作者的"怎么讲"甚至可以改变事件的性质。讲述的方法不同,不仅会造成不同的艺术效果,而且会让题材所代表着的"什么"发生质的变化。假如我们把内容设定为 W(What),把讲述设定为 H(How),那么,其结果公式将如下:

$$W \times H \neq WH$$

比如,《水浒传》中关于李逵杀人有这样一段描写:

> 只见那人丛里那个黑大汉,抡两把板斧,一味砍将来……不问官军百姓,杀得尸横遍野,血流成渠,推倒倾翻的,不计其数。……这黑大汉直杀到江边来,身上血溅满身,兀自在江边杀人。晁盖便挺朴刀叫道:"不干百姓事,休只管伤人!"那汉那里来听叫唤,一斧一个,排头儿砍将去。

《水浒传》的读者读至此处一般并不会憎恨黑旋风,反而会在心里充满痛快淋漓之感。这种阅读效果的产生,是作者的叙述方法使然。我们不妨试想一下,假如这样的情景被从另外一个角度来叙述:

> 南宋神宗朝熙宁年间,汴梁有个官人,姓李,名懿,由杞县知县,除金杭州判官……在任倏忽一年,猛思子李元在家攻书,不知近日学业如何?写封家书,使王安

---

① 朱光潜. 谈文学·选择与安排[M]桂林. 广西师范大学出版社 2004.11.

往陈州,取孩儿李元来杭州,早晚作伴,就买书籍……(李元)闻父命呼召,收拾琴剑书箱,拜辞母亲,与王安登程。沿路觅船,不一日,到扬子江。<u>行至江边,却见一黑大汉抡动板斧迎面杀来,李元躲避不及,门面上中了一斧,顿时脑浆迸裂,一命呜呼。可怜他的父母,一个在陈州,一个在杭州,如何想得到会有这等飞来横祸。</u>①

这个故事里的李逵杀人,在读者心头所产生的印象,显然就不同于《水浒》故事里的了。可见讲述方法的问题,在某种程度上,比讲述内容更为重要。

在鉴赏文学作品的时候,只关注"写什么",是不可能真正理解作品的价值的。有些人指责这部名著"暴力",那部名著"奸诈",在很大程度上,就是因为只看了"写什么",而忽略了"怎么写"。正是"怎么写"改变了事物的性质,赋予了它新的意义,文学作品才具有了独特的价值。"通奸"和"情杀"的事件,经由托尔斯泰和哈代之手,才具有《安娜·卡列尼娜》和《德伯家的苔丝》所表现的意义。在教学文学作品的时候,应该在明确"写什么"的基础上,把重点放在"怎么写"上。

(二)在关注"在场"的作品的同时,更加关注不"在场"的作者

相对而言,在语文课堂上,文本是"在场"的。作为教科书,它被老师和学生充分关注。尤其是课改以来,对文本的研读越来越受到老师们的重视。大部分老师都会把课上的

---

① 古今小说·李公子救蛇获称心. 福州. 福建人民出版社 1980. 10,划线句为作者所加

大部分时间用于对文本的研读。这无疑是可喜的现象。我们还应该充分注意的,是不"在场"的作者。

这不是说,老师们无视作者的存在,正相反,很多老师都会在课上介绍作者,有时甚至介绍得过于详尽。这里说的作者不"在场",是指我们在研读文本时忽略了它的"叙述者"(narrator)。从叙述学的角度来说,作者和叙述者不能等同①,但鉴于作者和叙述者的紧密关系(尤其是在散文中),我们在这里暂时把两者相提并论。当我们学习一篇课文时,很容易完全沉浸其中而忘记了叙述者的存在。比如,林嗣环的《口技》②,它所呈现的内容有三个层面:第一是生活中的声音,第二是口技者发出的声音,第三是作者对口技者所摹仿的声音的描写。有些老师把注意力全部放在第一层面,仔细分析写了哪些声音,这是很不够的。我们所"听"到的声音,其实并不是自然的声音,而是口技者对生活中声音的摹仿,所有的声音都是从一张嘴巴里发出的,不注意这一点,口技者的技艺高超就无从谈起。但即使做到了这一点,也还是在第二层面。这两个层面都是"在场"的——有文字的表现。更重要的是第三个层面:林嗣环把这个摹仿声音的过程叙述出来了。正是他以观众身份的"叙述"使我们不仅"听"到了口技者所摹仿的生活中的声音,而且知道这是一场口技表演,因而为他的高超技艺所折服。作者使用语言的精湛技能——这才是这篇课文的关键所在。而由于林嗣环本人的不"在场",这第三个层面就很容易被忽视。

---

① 参见(美)华莱士·马丁.当代叙事学.伍晓明译[M]北京大学出版社.1990

② 本文入选沪教版、人教版、北师大版初中语文教科书

再比如教学李乐薇的《我的空中楼阁》①,教师一般会通过品读文本让学生体会作者"对独立的、安静的生活的向往和热爱大自然的情怀",看作者是如何"用比喻的方法,以神来之笔点出小屋的位置,接着用一组博喻来突出小屋点缀山,接着重点写小屋和树的关系""用暗喻和拟人,突出小屋的玲珑、小巧的特点"②等等。这些固然都是值得学习的表达技巧,但作为文学作品,李乐薇作为叙述者的存在是不能忽视的。这所建筑在山上的小屋,别的不说,仅是进出,就有诸多不便,爬山坡上到高处的过程,叙述者完全可以把它说成是一场苦役,在爬山的苦役中获得锻炼,也仍然是托物言志。但文章所表现的主题就完全不一样了。"世界上有很多已经很美的东西"是叙述者的基本立场,她带着审美的眼光来看小屋的,小屋自然也就成了美不胜收的风景。忽略叙述者的存在,一味强调小屋的美和这种美是如何被表现的,最容易产生的后果,就是把"小屋"和"广厦"对立起来,这固然不能说是对作品的误读,但文学作品的一个本质特征——"它们处理的都是一个虚构的世界,一个想象的世界"③却被遗弃了,而作者在平凡生活中发现、甚至创造美的精神和技巧也被遗弃了。

(三)在"欣赏"层面之外,落实"表达"的需要

语文课不承担培养作家的任务,这应该是大部分语文工作者的共识。那么,语文课是否要培养文学鉴赏家或者

---

① 此文入选人教版、沪教版语文教科书高中第一册
② 考试吧(exam8.com).我的空中楼阁教案.2006年7月22日
③ [美]勒内·韦勒克、奥斯汀·沃伦.文学理论[M] P15 南京.江苏教育出版社 2005.8

文学批评家？答案也是否定的。语文教科书之所以比较多地选用文学作品，是因为文学作品对语言的使用最为讲究。通过它更容易体会语言在表情达意上的功能。因此文学作品的教学不应该只停留在对作品的欣赏上，而应该落实到学生对语言的使用这一关键问题上。这里的"语言表达"，如上所述，不是指文学作品的创作，而是日常生活中的语言表达，包括口头表达和书面表达。

书面表达可分为一般文字表达和特殊文字表达两种。一般文字表达指日常生活所需要使用的文字，可以分为基础层级的标识性文字，如路牌、公交车站牌等；中低层级的告示类文字，如商品说明书、ATM 机操作系统提示等；较高层级的文书类文字，如公函、报告等。文学作品则是一种特殊的文字表达。而介于一般文字表达和文学作品之间的就是语文课上的作文。

作文是学习文字表达的途径，也形成了一种特殊的文体。这种文体的主要意义在于它是学习文字表达的工具，而课文则是它的学习对象。

上林嗣环的《口技》时，不少老师都会用一段现代人表演口技的视频来导入，但往往只是激趣而已。上海崇明东门中学的徐丹老师在设计上就颇具匠心。她用了同样的导入，但在最后布置作业时，她让同学学习林嗣环的描写方法，自己来描写一下开始所听到的这段口技。且不说这样的导入设计首尾呼应，精简而实效，仅就学习文学作品的目的来说，教师的定位是准确的。当然，这并不是说，每堂语文课都要以摹写为结局，但学习的目的是为了增强学生的表达能力，这一主方向是不应偏移的。很多老师探索过"读写结合""以读促写"甚至"以写促读"的方法,但其基本出发点都在于让学生在读或写上获得提高,而不是从根本上认识到文学作品精彩的语言艺术不仅是让我们欣赏的,而且是让我们学习的。作文训练不能为写而写(这种文体的特殊性前面已经讲过),为是要提高学生的语言表达能力。

第二节　文学品质的具体表现

一、文学情感

语文教师的文学品质包括两个方面:一是能否对现实生活中的内容产生文学的感觉;二是能否对文学作品中的生活产生情感上共鸣。

现实生活中的文学感觉

有人认为,文学是生活的反映;有人认为,生活大于文学,文学所表现的,只是生活的一个部分;也有人认为,文学大于生活,比如米兰·昆德拉认为,现实世界是转瞬即逝而容易被遗忘的世界,小说世界却是比现实更理想、更坚实的世界[1]。不管如何,文学与生活一定是存在某种关联的,至少它是我们生活内容的一个部分。从人的个体而言,没有文学他完全可以活下去;但从人类的整体而言,却没有一个文明的民族是没有文学的。因此我们是否可以这样说:文学是人类文明发生过程中的必然产物。因为在我们的生活中,"现实的境界永远是缺陷的。花不能常好,月不能

---

[1] 昆德拉.帷幕[M]P192 上海译文出版社 2006.

常圆,人生有穷通得失,悲欢离合。个人身世之感,国家社会之忧,人类世界种种的不平,都是与人类之生而俱来的。现实的境界,既然永远无法圆满,人们在无可奈何中,就只好在理想的境界里头去谋弥补:这便是文艺创作所以产生的原因①"。不仅作者如此,读者也是如此。很多文学作品之所以受到读者的喜爱,就是在一定程度上弥补了人们在生活中的不满足。比如,人们既对约束自己的社会秩序感到不满,又不得不遵守这种秩序以保证自己个人生活处在一种正常有序的情况下,于是,孙悟空大闹天宫之类的破坏秩序的行为就让人大感快意,因为它既可以保证读者的生活仍在正常的秩序中,又在一定程度上满足了人们破坏秩序的欲求。不论是通过创作文学作品,还是通过阅读文学作品来表现或达到生活中的欲求,都是一种文学感觉。

现代社会中,恐怕没有哪个人和文学完全没有关系,但一个普通人,他可以对这种关联漠不关心。看到太阳下山,他不会想到"长河落日圆";看到皓月当空,也不会想起"千里共婵娟"。可是一个语文教师,应该会在生活中有文学感觉。这不仅是见花流泪,对月伤情,还要有丰富的想象力,可以产生由此及彼的推断,时常会涌起表达的欲望。

韦应物的《滁州西涧》是脍炙人口的名篇,但就诗人所看到的景物而言,不过是一汪涧水、一地杂草、一丛树木和一只渡船。这样的景色不会引起我们的注意,尽管树上还有几声鸟语,舟船在潮涌中横了过来,但我们可能根本没感觉。假如作为一个旅游景点,大部分旅游者恐怕会大失所

---

① 梁宜生.阅读欣赏与写作[M]P25 台湾学生书局 1988.9

望。但读这首诗,却有一种美感。这种美感来自何处? 就在于作者写出了我们所忽略了的感觉。诗人有他特别敏锐的文学感觉,他感叹无人之处的小草所表现出的旺盛的生命力,欣赏绿荫深处黄鹂活泼的鸣叫;他从春水汹涌、生机勃勃的大自然中体悟到:人在,或者不在,都不重要。诗人把他的感觉用上下相形、动静相衬的手法表现出来,拉着我们亲近自然,启发了我们对人与自然的关系的思考。

从文学接受的角度说也是如此。比如,冯小青写下的著名的《牡丹亭诗》:"冷雨幽窗不可听,挑灯闲看牡丹亭。人间亦有痴如我,岂独伤心是小青。"她能从杜丽娘身上找到了知音,看到了自己,完成了由此及彼的推断,那就是一种文学感觉。

文学作品中的情感共鸣

如果播放一部煽情的电视剧,观众可能有这样几种情况:一种是全然以其为真,恨不得与剧中人共死生;一种是全然知其为假,对剧中人的生离死别麻木不仁;第三种人是若即若离,也会被剧情感动,却不会被编导"骗倒"。从观赏效果来说,第一种观众最投入,得到的感情回报也最强烈。当我们随着剧情喜笑颜开或泪流满面的时候,这种情感释放应该是有益于身心的。第二种观众最冷静,感情回报虽然是零,但理性的光芒很强烈,辅以很好的理论修养,可以对作品进行鞭辟入里的分析。第三种观众则介于理性和感性之间。这三种观众并无高下之分,如果仅仅是为观赏而观赏,第一种观众无疑是最有收获的,他获得了情感的愉悦。这种愉悦不一定是快乐,为剧中人的生死命运而担忧,甚至为其伤心流泪都可以是一种审美快感。如果是为了作批评，则第二种观众的优长很明显。而作为语文教师，可能第三种观众的状态是最佳的。

语文教师不能对文学作品无动于衷，不能只有理性批判而无情感上的触动。这样会妨碍我们作为"二传手"再把文学作品传递给学生，因为文学作品中的情感内容是不能全然用理性分析来传达的。语文教师当然更不能对文学毫无认识，完全跟在作者的后头，这也同样妨碍我们把文学作品传递给学生。我们要进入作者所创造的文学世界，从情感上跟着他快意恩仇，又要不时跃出来冷静审视。

二、文学鉴赏能力

尽管我们认为，教科书中出现大量的文学作品，是为了帮助学生学习语文，而不是为了培养作家或文学批评家，但是作为语文教师，文学鉴赏能力是必须具备的，也就是我们上面说的对作品"冷静审视"的能力。没有这种能力，就不可能很好地理解作品，最终导致无法将文学作品的语言精华传递给学生。时常看到有些老师教学设计很周到，课堂调控能力也很强，但由于文本解读不到位，教学就不可能获得完满的效果。情况不很严重时，是差一口气的感觉，或隔靴搔痒，挠不到痒处。严重的时候甚至会南辕北辙。

文学作品的鉴赏有多种方法，我们试从外部研究和内部研究两个方面来介绍。

（一）文学作品的外部研究

一部作品，除了其内容和形式值得研究之外，还有许多与之有关的因素，对这些因素的研究，我们叫做对作品的外部研究。

外部研究一般主要关注下述两个方面：

1. 作家生平

每个作家的作品都和其生平有关。但有些作品可能找不到这种关联。比如我们前面所提到的唐代诗人金昌绪，生平无考，就无法探知其作品和生平的关联。有时虽然知道作者的生平，却仍无法或不需要找到这种关联。比如李白的送别诗，因其数量特别多而基本上可以视为一种程式化写作，他与被送之人究竟有什么关系已经不重要了。而有些作品，如某些表现自我更甚于表现客观的抒情作品，自传或半自传性质的叙事作品，与作者的关系特别密切。对于这种作品的作家，光知道作者是哪个国家的人、作品是什么时候创作的恐怕就不够了。必须更深入地了解他的生活、思想和经历，了解他是什么情况下创作这个作品的，了解了这些，也就掌握了理解作品的钥匙。

中国现代作家郁达夫，在思想上、创作上都受到卢梭、赫尔岑、屠格涅夫、陀思妥耶夫斯基以及日本作家葛西善藏、谷崎润一郎和佐藤春夫等人的影响，主张"文学作品，都是作家的自叙传"，侧重从主观内心世界出发，表现自我的真挚感情。他的小说大多以抒情的笔调来写，带有较浓的主观色彩。比如他的名作《沉沦》，充满伤感情调和变态性心理的描写，只有了解郁达夫作为中国留日学生身在异乡的屈辱生活，了解他回国后遭到社会歧视，为个人生计备受颠沛流离之苦的境遇，才能很好地理解作品的含义和价值。《沉沦》的成功之处正在于它深刻地反映了当时青年处于军阀统治下的黑暗中找不到出路的苦闷心理，很有那个岁月的时代特征。

唐代大诗人王维,他是中国"文人诗、文人画的当然鼻祖"(葛兆光语),但要真正理解他的诗,光注意文面上的东西还不够,因为王维有他很有特点的生活经历。王维与佛教关系相当密切。其母崔氏虔诚奉佛有三十多年。他的名字也带有佛教意味。在他当官时,"退朝以后,焚香独坐,以禅诵为事"。隐居时期,更如他自己所说:"晚年唯好静,万事不关心"(《酬张少府》)。而且就在他所谓隐居的十来年间,他正在朝廷担任右补阙、库部郎中、文部郎中等官职。他是以当官的身份而怀隐逸的思想;在山林中闲居,而又挂着官府的头衔。王士稹说他的作品"字字入禅",固然有点夸张,但他作品中禅的意味的确是浓厚的。比如,他的名作《山居秋暝》①,开头"空山新雨后"的"空山",很多地方注释为"空寂的山",就诗中描写而言,这山可是一点都不"空",不仅有明月、松树、清泉、石头、竹林、莲花等自然物,还有浣女和渔人;而且也不"寂",竹林里有喧声,荷塘里有莲动,然而正是这发自天然的一切让他悟入空义,得到解脱,此山也就成为"空山"——所谓佛地也。

不需要在阅读每个作品的时候都仔细地了解作者的生平,但必须学会在必要的时候能熟练地利用这方面的材料。有关作家生平的材料一般可以在史书、地方志、人物传记、文学史著作以及有关的文章著作中找到。

作品不等于人品

在了解作家生平的时候有一个问题必须注意,那就是作品不等于人品。受传统文化为尊者讳的影响,我们不太

---

① 此诗入选鲁教版、粤教版高中语文教科书

喜欢暴露文学巨匠的缺点,以至很容易把写出伟大作品的人看作是伟大的人。从文学贡献的角度来说,确实如此;若是从人格人品的角度说,就未必尽然了。文学作品是一种表述,就像一个人说话一样,有的人说的是真话,有的人却未必。他之所以这样说,只是因为他觉得应该这样说,而不等于他觉得应该这样。

2. 时代背景

每部作品都反映着它那个时代。但有些作品,或无法考定其创作年代,或即使有年代却无法或无需找到其与时代的关联。比如汉乐府民歌中的《公无渡河》:"公无渡河,公竟渡河。坠河而死,当奈公何。"虽然有关于这首诗来龙去脉的叙述①,但其与时代背景的关联仍是模糊的,相反,它所表现的"一种无可奈何——既对人与人之间的关系,也对人与自然的关系全然绝望②",不论在哪个时代,都是有感染力的。而有的作品时代精神特别强烈,甚至是具有某种划时代意义的,要真正理解这种类型的作品,就只有了解那个时代的社会背景和文化背景,才能了解作品的价值所在。

郭沫若的《女神》③,诗句非常简单,有时还大量重复,比如:

我们欢唱,我们翱翔。

我们翱翔,我们欢唱。

一切的一,常在欢唱。

---

① 郭茂倩.乐府诗集.孔衍.琴操、段安节.乐府杂录均对此诗的创作背景有交代

② 周英雄.结构主义与中国文学[M] P69 台湾东大图书公司 1983

③ 此书为普通高中语文课程标准(实验)附录建议的课外读物之一

一的一切,常在欢唱。
是你在欢唱?是我在欢唱?
是他在欢唱?是火在欢唱?
欢唱在欢唱!
欢唱在欢唱!
只有欢唱!
只有欢唱!
欢唱!
欢唱!
欢唱!

为什么要这样写?为什么这样写的诗就是好诗?读者往往不易理解其价值所在。在不知其作者为谁的情况下,有教师为这首诗打了60分(百分制)。这就是因为对1921年左右的中国社会和中国文坛缺少了解。

在郭沫若以前,中国已有不少新诗出现,也已有新诗集问世。但不少新诗,以描写现实生活为主题,不注重想象,诗就缺少应有的诗情。还有许多作者急切里无法甩掉旧诗词的调子。在这种情况下,《女神》脱颖而出,它以崭新的思想内容,豪放的自由诗体以及浪漫主义的艺术风格,为我国现代诗歌开创了新的诗风,为自由体诗开拓了新的天地。《女神》中的诗歌,时而把中国比作"年青的女郎",比作诗人"心爱的人儿",倾吐火一样的恋情(《炉中煤》);时而把中国比作在烈火中获得新生的凤凰,比如上面所举的《凤凰更生歌》的最后一段,以一连17个"欢唱",把喜庆欢悦的心情宣泄得淋漓尽致。它的内容、它的形式,都是中国诗坛上前所未有的。

小说也是如此。西班牙作家塞万提斯的著名小说《堂·吉诃德》①是一本令人喷饭的书，书中的主人公堂·吉诃德把风车当作巨人，把旅店当作城堡，把羊群当作敌人，把理发师的铜盆当作魔法师的头盔，把苦役犯当作受迫害的骑士，把赶路的贵妇人当作落难的公主，把皮酒袋当作巨人，不分青红皂白，乱砍乱杀，干了无数荒唐可笑的蠢事。作者为什么要这样写呢？这就需要我们了解它的社会背景和文化背景，否则，阅读《堂·吉诃德》同在街头看一个精神失常的人胡闹便相距不远了。

西班牙在15、16世纪盛行描写游侠骑士的小说，小说中的主人公游侠骑士往往被写成见义勇为、助强扶弱、英勇善战、举世无敌的人；而这一切出生入死建立武功的动力均来源于爱情。故事的情节不外乎是：为取得贵妇人的欢心，骑士历尽神奇的各种惊险遭遇，赢得骑士最高荣誉之后凯旋，成为国君、领主或朝廷里的显赫人物，然后分封他的朋友和侍从，并与一贵妇人或一远方公主成亲。当时的西班牙上至王公贵族，下至平民，无人不读骑士小说。塞万提斯创作《堂·吉诃德》的宗旨是要"把骑士小说的那一套扫除干净"，所以他塑造了因阅读骑士小说而入迷，企图仿效古老的游侠骑士生活的堂·吉诃德的形象，以堂·吉诃德的荒唐可笑嘲讽和抨击了骑士小说。

《堂·吉诃德》和骑士小说的关系，当然是我们应该知道的。但小说的永恒却绝不仅仅因为这些。作者塑造的

---

① 此书为普通高中语文课程标准（实验）附录建议的课外读物

堂·吉诃德的形象,不仅是愚蠢和荒唐的象征,而且是可笑、可叹、可悲而又可敬的。堂·吉诃德行动的动机纯真善良,充满了无私无畏的精神,他"忠厚老实,襟怀坦荡","他是人类奇想的不朽产物,任何一个心地善良的人都会被他深深地打动①"。只是他脱实离际,耽于幻想,所以最终只能屡遭失败。堂·吉诃德性格上的矛盾,展示出清廉公正的社会理想不可能通过复活骑士制度来予以实现这一真理。我们只有了解了这些背景,才能理解这部在世界各国翻译出版了1 000多次的世界文学名著。

除了我们关注得比较多的社会背景之外,文化背景也值得关注。

在中国古代的诗文中,感伤离别是最常见的内容。为何如此?这与中国古代的文化有关。

首先是思想文化。如果要对中国古代的知识分子提一个有关人生观方面的问题,问他们说:你的生活目标是什么?相信大部分人的答案是一样的(马克思说过:"统治阶级的思想在每一时代都是占统治地位的思想。这就是说,一个阶级是社会上占统治地位的物质力量,同时也是社会上占统治地位的精神力量②"),那就是走正心、诚意、修身、齐家、治国、平天下这条路③。这是所有士大夫心向往之的一条由近而远的、理想的生活道路。那么,通过什么途径才能达到这个人生的终极目标呢?只有一条路:做官。生活

---

① 毛姆.堂·吉诃德与蒙田随笔.毛姆读书心得[M]P34 上海.文汇出版社 2011.1
② 马克思恩格斯选集[M] 第1卷 P98 北京.人民出版社 1995.6 第2版
③ 大学.朱熹.四书集注[M]P4 长沙.岳麓书社 1985.3

目标的狭窄决定他们对自己的生活道路不可能有太多的选择。谢灵运感慨自己的尴尬处境:"进德智所拙,退耕力不任"(《登池上楼》);陶渊明三次出仕,三次归隐,都和这个有关。一直要到明清之际,随着生产力的新发展才会有新的选择。蒲松龄才会让他笔下的人物理直气壮地喊出:"自食其力不为贪,贩花为业不为俗。[1]"

所以历史上很多知识分子对做官都很热中。要做官,就得争取,包括离开家庭和亲人去干谒。很多文人都有这种经历,而在这个过程中,他们的心情往往不好,于是就借助诗文抒发出来。对很多文人来说,不是"失意"(怀才不遇),就是"失恋"(抛妻别子去求官);甚至既"失意"也"失恋"。因此,"失意"和"失恋"是中国古典诗歌永恒的主题,所谓写"离别之思""羁旅情怀"的都属这一类。在这类诗歌中总能看到抒情主人公倦于飘泊,很想家,但又总是"欲归道无因"(《古诗十九首·去者日以疏》),总在寻寻觅觅。寻什么呢? 应该说是在寻找人生的终极目标——自我价值的实现。

其次,是我国的地理文化。中国是个幅员辽阔的大国,在交通工具落后的古代,古人的旅行往往意味着要离别家乡很久。在没有通讯工具可以与家人交流感情的情况下,很多情绪在心中翻腾,其结果可能就是诗歌的诞生。如果横向比照一下比较小的国家,他们对离情别绪的表达可能就不会像我们这么多。再纵向比较一下今天高科技的信息化时代,这种感情即使有,也很快会被"解决"——因为我们通过电话可以听到对方的声音,通过视频可以看到对方的

---

[1] 蒲松龄. 黄英. 聊斋志异 P630 上海古籍出版社. 1979.4

身影。古人所面临的时间久长、信息断绝的情况,使感伤离别成了文学创作最常见的主题。由于很多文人写作这样的诗歌,这种情调就成为中国诗歌的主流。即使不存在这个问题的文人写诗的时候也模仿这种情绪,模仿这种写法。

不需要在阅读每部作品的时候都仔细地了解时代背景,但必须学会在必要的时候能熟练地利用这方面的材料。了解作品的时代背景可以看文学史著作、作家传记和有关的文章著作。

作品的超时代意义

有些作品的意义并不受具体历史时间的限制,而是对人类几千年所追求、所思考、所苦恼的问题的解析,出色的文学作品应该都具有这种意义。比如读契诃夫的《装在套子里的人》①,意义并不仅仅在于让学生"了解19世纪末沙皇俄国的黑暗现实",如果仅此而已,那么,沙俄时代已经过去那么久了,这篇小说究竟还有多少价值呢?事实上,时至今日,像别里科夫这样的人何曾绝迹?现代社会的"套子"又有多少!这才是契诃夫小说的不朽之处。

外部研究是比较传统的批评方法,古人称之为"知人论世",今人称之为文学的社会学批评。它探讨的主要是文学与个人、文学与社会的关系。

(二)对作品的内部研究

内部研究指对作品本身的研究。现代西方的"新批

---

① 本文入选沪教(实验)、沪教(试用)版、北京版、人教版语文教科书

评派"注重的就是文学的内部研究。波兰哲学家英格丹(R. Ingarden)对文学的批评采用了德国哲学家胡塞尔(E. Husserl)的"现象学"方法,把文学作品分成声音、意义单元、要表现的事物三个层面。"新批评派"这种研究方法,只注重文本,而忽略与文本有关的其他因素。我们这里所说的内部研究,是指对作品所表现的思想内容的归纳抽象和对其艺术手法的体味欣赏,也可以与外部研究相互融合。

内部研究一般关注的是以下两个方面:

1. 对作品思想内容的归纳和抽象

优秀的作品总是表现着代表人类文明进步的思想观点,通过归纳作品中所叙述的事件、所塑造的人物、所表达的感情,可以透视当时的社会人生,包括政治观、道德观、人生观和科学观等,以及作者本人对这一切的态度。

比如《三国演义》[①]这部小说,写的是从东汉末年到三分归一这段时间的历史事件。在历史上,曹操是个杰出的政治家、军事家,是成功者;而刘备是个失败者。但读《三国演义》,人们的同情却都在刘备一边。这是什么道理呢? 这不仅仅因为人们喜欢同情弱者,更重要的是,作者在塑造曹操和刘备这两个人物形象时,故意把他们放在一个对照系统中,让曹操的"不仁"和刘备的"仁"处处形成鲜明的对比,这就使得读者的感情也产生了明显的偏向。罗贯中这样来处理人物形象的塑造问题,表现出他头脑中传统的政治观——即既希望保持汉室血统的正宗,也希望保持统治思想上儒家的正宗。我们说这种政治观是传统的,因为几千年来,拥戴

---

① 此书为普通高中语文课程标准(实验)附录建议的课外读物

一个仁德的君主一直是朝野上下共同的心愿,是我们千年不解的"好皇帝"情结。事实上,在罗氏《三国演义》之前,人们就有憎恶曹操、同情刘备的感情偏向。宋时就有"涂巷中小儿薄劣,其家所厌苦,辄与钱,令聚坐听说古话。至说三国事,闻刘玄德败,颦蹙,有出涕者;闻曹操败,即喜唱快"①的记载,而在《三国演义》中,若要找一些对曹操不那么恶意的描写倒也不是没有,但由于罗贯中主要秉承的是传统的思想,也由于读者传统化的期待视野,整部作品表现出来的历史观还是"道德判断的性质多于有关历史事件内在联系的单纯陈述"②。

通过分析《三国演义》在描写历史事件时的态度,我们对《三国演义》这部书的政治倾向(或者说作者的政治观)就可以有一定的了解。

要达到这种了解,可以直接利用他人的研究成果,比如阅读有关《三国演义》的研究文章;也可以利用他人归纳抽象的经验,试着自己去分析理解。也可以双管齐下,一方面读一些参考文章,直接利用他人的研究成果;另一方面,也借用他人所使用的方法自己来进行思考,以达到比较正确、比较全面地理解作品的目的。

作品中人物所表现的观念不能等同于作者的观点

文学作品所塑造的人物,他(她)的思想观念,和作者的思想观念处于一种错综复杂、相互纠结的状态。有时,作者对作品中人的言行是赞成的,比如奥斯托洛夫斯基之于保

---

① 苏轼.东坡志林[M] P15-16 上海.华东师范大学出版社 1983.3
② 美·菲利普·巴格比.文化:历史的投影[M] P2 上海人民出版社.1987.11

尔·柯察金(《钢铁是怎样炼成的》);有时却是不赞成的,比如张天翼之于华威先生(《华威先生》);还可能是以既同情又批判的态度来写的,比如契诃夫之于别里科夫(《套中人》)。在对作品的内容进行归纳抽象时,必须注意这种区别。

有些人把作品中人物所表现的观念与作者的观念混为一谈,甚至把作品中人物所说的话直接作为作者的话来引用,比如说"莎士比亚讲过,人是万物之灵长",这是不恰当的。人类为"万物之灵长",只是作者莎士比亚安排给剧中人哈姆莱特的台词。诚然,在某些作品中的某个人物身上,确实寄寓了作者的许多思想,有些话也确实是作者借作品中人的嘴吧来说的,但这只是一种手法,从原则上说,作品中人的言行思想不能和作者的思想划上等号。有些作品中的话语,非但不能代表作者的思想,相反,它可能正是作者所反对的。有人喜欢引用《红楼梦》里的"世事洞明皆学问,人情练达即文章",认为它"言简意赅,精辟中肯",实际上就曹雪芹而言,他对这种"禄蠹"哲学是极其反感的。正因为如此,他才让贾宝玉"看了这两句对联,纵然屋宇精美铺陈华丽亦断断不肯在这里了[①]"。所以,不能仅凭作品中人的言行来判断作品的价值取向,应该充分关注作者在表现这一切的时候的态度。

2. 对作品艺术手法的体味和欣赏

优秀的作品之所以能产生感人的力量,除了内容的精彩、思想的深邃外,还因为它们有非常强的艺术表现力,也就是高超的语言艺术。能否发现这种语言艺术的魅力所

[①] 脂砚斋重评石头记 P84 上海古籍出版社.1987.7

在,是文学鉴赏力的重要表现。

(1) 关于文学语言

文学语言是文学作品中最重要的东西。有人说,在翻译过程中失去的东西就是诗,意义就在这里。文学语言有多个种类,也有多种风格。种类有叙述性的、论述性的、描述性的等等,描述性的语言中还包括对人物语言的描写等。风格更是多种多样,比如说是平和、质朴的,还是幽默、调侃的;是严肃、凝重的,还是优美、抒情的。不同的语言风格在表现同一事件的时候会产生截然不同的效果。

汉乐府中的《陌上桑》①和《羽林郎》,讲述的是一个相同的事件:一个有权势的男子向一个美丽女子求爱,结果被拒绝。但两首诗的语言风格却完全不同,前者是幽默调侃的;后者是严肃冷峻的。幽默调侃的语言,使《陌上桑》成了一幕轻松诙谐的轻喜剧,不仅高地位的太守因为碰壁而可笑,低地位的农夫也一样大出洋相。在"多情却被无情恼"的谐谑中突出了罗敷的美,喜剧性地展示了面对美丽异性时的男性心理。《羽林郎》就完全不同。开口就说:"昔有霍家奴,姓冯名子都。依倚将军势,调笑酒家胡。"奴才、倚势、调笑,这些词语的选择使诗歌的语言风格一下子峻切起来,和后面"不惜红罗裂,何论轻贱躯"的拼死抗争相呼应,突出了谴责权贵仗势欺人的主题。

文学作品中的论述性或叙述性语言是作者所直接使用的语言,能鲜明地体现作者的语言风格。描述性语言也是

---

① 此诗入选长春出版社、河北大学出版社和人民教育出版社初中语文教科书

作者所使用的,但其中的人物语言要从人物口中说出,须兼顾人物的个性,因此对作者来说有一定的间接性。

叙述性语言和描述性语言

作为文章,比较容易区分的是论述性语言和叙述性语言。叙述性语言和描述性语言的区分相对比较难一点。简言之,把"发生了什么"写出来,是叙述;不仅写"发生了什么",而且写"怎么发生的",是描述。

比如《史记·高祖本纪》,基本上使用的是叙述性语言:

> 高祖与诸侯兵共击楚军,与项羽决胜垓下。淮阴侯将三十万自当之,孔将军居左,费将军居右,皇帝在后,绛侯柴将军在皇帝后。项羽之卒可十万。淮阴侯先合,不利,却;孔将军费将军纵,楚兵不利,淮阴侯复乘之,大败垓下。项羽卒闻汉军之楚歌,以为汉尽得楚地,项羽乃败而走,是以兵大败。使骑将灌婴追杀项羽东城,斩首八万,遂略定楚地。

这场"垓下之战"在《项羽本纪》中就多了"霸王别姬""东城快战""赐马亭长""赠首故人"等很多描述性笔墨。

"项羽卒闻汉军之楚歌,以为汉尽得楚地"一句,变而为:

> 夜闻汉军四面皆楚歌,项王乃大惊曰:"汉皆已得楚乎?是何楚人之多也?"

"大惊"的心理描写和后面的语言描写,使得垓下之战的氛围一下子生动起来。这并不是说,描述性语言就一定比叙述性语言好,得根据需要,合理使用。司马迁在写《高祖本纪》和《项羽本纪》时对语言的选择,本身也是说明问题的。

叙述语言和人物语言

在小说等叙事文体中,会出现人物说的话,这些"话"和作者用来讲述故事的语言是不一样的。我们把前者叫人物语言，后者叫叙述语言（包括叙述性的和描述性的）。

人物语言包括对话和独白。在文学创作初期，对人物语言的处理非常粗糙。唐初三大传奇之一的《游仙窟》，让一个丫鬟在介绍她家小姐时讲了这样一段话：

> 容貌似舅，潘安仁之外甥；气调如兄，崔季珪之小妹。华容婀娜，天上无俦；玉体逶迤，人间少匹。辉辉面子，荏苒畏弹穿；细细腰枝，参差疑勒断。韩娥宋玉，见则愁生；绛树青琴，对之羞死。①

这一段话，且不说它的措辞，仅是典故，就用了6处之多，这哪里是丫鬟会说的话？分明是作者在卖弄他的才学。作为小说的人物语言来说，这是很失败的。经典的文学作品在这方面就做得非常好。鲁迅说："……《水浒》和《红楼梦》的有些地方，是能使读者由说话看出人来的。②"这就是说，这两部作品的语言描写能生动地表现人物的个性。《水浒传》写李逵初见宋江时，不知道他是谁，只觉得他脸黑，就直冲冲发问："这黑汉子是谁？"被戴宗指斥"粗卤"，"全不识些体面"，他还是不明白，问："我问大哥，怎地是粗卤？"戴宗不得不耐心解释道："兄弟，你便请问'这位官人是谁'便好。你倒却说'这黑汉子是谁'，这不是粗卤却是甚么？"知道面前的"黑汉子"就是宋江后，李逵还说："若真个是宋公明，我便下拜了，若是闲人，我却拜甚鸟，级节哥哥，不要瞒我拜了，你却笑我。"简短几句对话，把李逵的粗鲁、憨直以及他

---

① 张文成.游仙窟.唐人小说 P19 上海古籍出版社 1978.1
② 鲁迅.看书琐记[A]花边文学 P92 北京.人民文学出版社 1973.11

对宋江的仰慕都表现了出来,尤其是最后那句话,把他经常为人耍笑因而警惕起来,却又无计可施,仍然直话直说的性格,表现得活龙活现,令人发笑,也令人感叹。

这些精彩的人物语言,是我们鉴赏叙事性文学作品的抓手。

(2)关于文学人物

叙事性的文学作品要写人,也称为人物描写,或者叫人物形象的塑造,也是我们鉴赏作品的重要内容。

长相服饰的社会学意义

长相、服饰、表情之类都可以归入文学人物的外貌。好的外貌描写能够写出人物独特的个性和身份。比如《红楼梦》对"三春"的描写:

> 第一个肌肤微丰,身材合中,腮凝新荔,鼻腻鹅脂,温柔沉默,观之可亲;第二个削肩细腰,长挑身材,鸭蛋脸儿,俊眼修眉,顾盼神飞,文彩精华,见之忘俗;第三个身量末足,形容尚小①。

这三个女孩,身份地位相同,年龄相去不远,大家一语未发,且"其钗环裙袄,三人皆是一样的妆束",作者却把她们写得如此各具个性、气韵生动。关键是他选取了林黛玉的视角,从她的眼中看去,因此有她的观感在里面,比如"观之可亲""见之忘俗"之类。没有这些主观性的描述,人物形象就会逊色很多。当然这里面也有"腮凝新荔,鼻腻鹅脂"的套话,但相比"近之小说中有一百个女子,皆是如花似玉

---

① 曹雪芹.红楼梦(一)P23 北京.人民文学出版社.1957.10

一副脸面①"却高明许多了。

值得注意是,人的长相在一定程度上有社会学的意义。一般说来,人的长相总是"貌如其心"(韩愈《张中丞传后序》)的。"身长八尺,豹头环眼,燕颔虎须,声若巨雷,势如奔马"的外貌,总标识着"性暴如火"的内心(《三国演义》)。当然,也存在例外的情况。汉代的张良,其"运筹帷帐之中、决胜千里外"的本领,汉高祖也自叹不如,但长得"状貌如妇人好女"(《史记·留侯世家》)。北齐的兰陵王高长恭,性格勇武,外貌却很美丽,为了震慑敌人,他不得不戴上面具作战(唐·崔令钦《教坊记》)。不过,再想回来:为什么狰狞的面具就能让人感到害怕呢?可见面目凶狠的人,大多心狠手辣。不认识张良的人,总以为他长得"魁梧奇伟",也是从常情出发而作的推断。因此,高明的作家一定会在赋予文学人物外貌时有独到的构思。

比如《红楼梦》,长相最有男性气概的是贾雨村,男性特征明显的外貌也就意味着这人热衷于那个社会要求男性所做的事情——仕途经济,这正是贾宝玉感到"浊臭逼人"的地方,所以贾宝玉对贾雨村是非常讨厌的,他所结交的同性朋友,如蒋玉菡、柳湘莲、秦钟,甚至包括北静王,都无一例外地拥有女性气质的外貌。容貌如女子的人似乎心灵也就能像女儿一样如水般纯净,这是贾宝玉选择他们——严格地说,是作者赋予他们这种长相的原因。

有时,装束对人物塑造也很重要。鲁迅在写《阿Q正传》中的阿Q时,特别注意到"毡帽"对于表现阿Q身份地

---

① 脂砚斋重评石头记甲戌本眉批

位的重要性,说"只要在头上戴上一顶瓜皮小帽,就失去了阿Q,我记得我给他戴的是毡帽①"。

动作的"不写之写"和心理的"以外写内"

动作描写也是塑造人物形象的重要手段,写得好,人物的一举手一投足皆可以见精神。比如李逵"脱得赤条条的,两只手握两把板斧,大吼一声,却似半天起个霹雳,从半空中跳将下来"的动作;比如葛朗台老头扑上去抢夺女儿梳妆盒上的金子的动作,都早已脍炙人口,在读者心目中留下了不可磨灭的印象。

动作描写不一定用白描,也可以用侧面烘托之类的方法。比如《三国演义》写关羽温酒斩华雄,就不用直接描写。关羽冲出营帐,作者未去,和诸侯们留在里面,"听得关外鼓声大振,喊声大举,如天摧地塌,岳撼山崩②"。其效果却比直接描写还要好,成为"不写之写"的华采乐章。

心理描写捕捉的是人物的内心活动。在我国的古典小说中,直接的心理描写运用得比较少,被认为是精彩表现的,无非是鲁智深在三拳打死镇关西以后的思想活动,尤其是林黛玉无意中听见宝玉"一片私心"颂扬自己以后的感受等等。西方小说和中国现当代小说中的心理描写则是大量运用,成了塑造人物形象的主要手段之一。

雨果的《悲惨世界》,运用大量的心理描写来揭示主人公冉阿让以及沙威等人的内心世界。冉阿让每作出一次重大的行动之前,几乎都有大段的心理描写。比如当他把握

---

① 鲁迅. 寄《戏》周刊编者信. 且介亭杂文[M]P121 北京. 人民文学出版社. 1973.3

② 罗贯中. 三国演义(上)P45 北京. 人民文学出版社. 1979

珂赛特和马吕斯的爱情秘密之后,他曾经万分痛苦,他设想过让他们的爱情自生自灭,并为自己的这种设想提供过很多理由,但最后他却毅然走向战场,冒着生命危险救出了马吕斯,作成了这对年青人的婚姻。珂赛特新婚之夜,他又跌入了痛苦的深渊,在思想的河流中清洗了灵魂后,他向马吕斯坦露了自己的真实身份。假如没有这些心理描写,冉阿让就不是个有血有肉的人,他的高尚行为也不能像现在这样具有震撼人心的力量。警探沙威也是如此。从一个忠于职守的公职人员到自行结束自己的生命,这其间的心理历程,作者就是通过沙威凭靠在塞纳河栏杆上的大段思想活动来表露的。如果没有这些优秀的心理描写,沙威之死便成了不可理解的举动。

西方现代文学中的"意识流"小说,更把心理描写推向了一个新阶段。法国新小说派作家米歇尔·布陶的作品《变化》,长达三百多页,主人公始终在从巴黎开往罗马的火车上,作品并没有叙述发生在列车上的任何事情,而是写在这段时间内在主人公内心、在他的意识活动中所经历的事。

心理描写也可以通过人物的语言和动作来加以表现,以"外"来写"内"。譬如《水浒传》的第 54 回,李逵的心理就很有趣。他下到枯井中去救柴进,说:"我下去不怕,你们莫割断了绳索。"吴用说他"忒奸猾"。为什么是"奸猾"呢?因为他想到别人可以在他落井之后割断绳索,让他上不来;可是李逵怎么会有这个"奸猾"的想法的呢?他说:"哥哥不知我去蓟州,着了两道儿,今番休撞第三遍。"原来如此!因为吃过了亏,恐怕再吃亏,所以警惕起来。可是怕人捉弄,却用对人明说"你们不要捉弄我"来解决问题,这也就是李逵这样的"粗卤"人才想得出来的吧。整段描写没有一句写心理的,却通过李逵的语言,把他内心的"小九九"表现出来了,而正是这小小的心机,更加显示出他的率直可爱。

要塑造好一个人物形象,往往需要以上各种手法的综合运用。同样,我们要理解艺术大师是怎样塑造人物形象的,也要从各方面去看,看看是哪一些描写使得人物形象鲜明、饱满和生动的。

(3) 关于自然环境

人和自然具有不可分割的关系。自然不论是作为"与生物(有机)和非生物(无机)现象有关的、非人为地存在或发展着的一切,即各种形式的物质",还是"地球表面或没有人或很少有人居住、没有被人或很少被人改造过的一定区域内的植物、动物、水流和山岩的总和①",它总是牵动我们情感的,并且很早就在文学作品中得到了表现。

在以抒情诗为主要作品的中国古代文学中,人和自然的关系表现得尤为密切。自然环境的描写首先出现在诗歌中。最早描写自然环境的名句,是出现在《诗经·采薇》②中的"昔我往矣,杨柳依依,今我来思,雨雪霏霏"。我国最早的完整的写景诗当推曹操的《步出夏门行·观沧海》③。后来在《红楼梦》等小说中,也有较好的自然环境描写。

外国作品更注重对大自然的描写,比如俄国作家屠格

---

① 顾彬. 中国文人的自然观[M]P5 上海人民出版社. 1990.1
② 此诗入选沪教(试用)、沪教(试验)版、人教版高中语文教科书
③ 此诗入选湖北教育出版社、长春出版社、河北大学出版社、人民教育出版社、江苏教育出版社、语文出版社初中语文教科书

涅夫的《猎人笔记》,令读者通过读书而领略到了诗意盎然的俄罗斯大自然景象。

情感中的自然

人对自然物的感觉会随着物种的变化而不同。同样是树,松树和柳树给人的感觉就是不一样;同样是花,牡丹和菊花给人的感觉也是不一样的。极其奇怪的是,大多数的人感觉会有相同之处,这就是情景交融的基础。诗人应该是率先表达这种感觉的人,所以说科学家教我们概念,诗人教我们感情。

比如桃花,这种在早春时绽放的鲜花,娇嫩、明艳、亮丽,人们直接联想到的就是美艳的女孩。"桃之夭夭,灼灼其华。之子于归,宜其室家"(《国风·周南》)奠定了以桃花象征美丽女子的基础。之后,像崔护的《过都城南庄》:"去年今日此门中,人面桃花相映红。人面不知何处去,桃花依旧笑春风";刘禹锡的《竹枝词》:"山桃红花满上头,蜀江春水拍山流。花红易衰似郎意,水流无限似侬愁";杜牧的《题桃花夫人庙》:"细腰宫里露桃新,脉脉无言几度春。至竟息亡缘底事?可怜金谷坠楼人",都是这种传统写法的继承。

在抒情作品中,精彩的自然景物描写,往往是作者感情投射的结果。这类诗歌往往表现出作者对大自然的特别敏锐的感受,这些感受或者是我们所忽略的,或者是我们感觉到但表达不出或表达不好的。比如曹操《步出夏门行》组诗中的《观沧海》,纯粹写景,然而在"日月之行,若出其里;星汉灿烂,若出其中"的描写中,我们不难想见诗人浩大的胸怀。

李清照在她的［如梦令］(昨夜雨疏风骤)①中塑造了两个人物形象：一个是粗疏的卷帘人，一个是感情细腻的诗人。在一般的情形下，我们都是那个对自然景物感觉迟钝的丫鬟，而真正的诗人，应该都具有能够觉察到"绿肥红瘦"这样细小变化的艺术敏感。所以，好的写景诗，作者的心始终和大自然是息息相关的。

最常见的写景方法就是写出自己对自然景物的独特体验。燥热的夏天，静静地站在竹林深处，树丛茂密、夏虫鸣唱，尽管没有风，却会感到微微的凉意。这样的情景或许在生活中我们也遇到过，但我们却未曾用心去体验，但杨万里把它表达出来了(《夏夜追凉》)。

有时候，它表现为一种独特的想法。孟浩然的《春晓》②，前两句写的是春天常有的景况。《牡丹亭》"惊梦"一出中，杜丽娘的唱词中就有："梦回莺啭，乱煞年光遍。"唧唧喳喳的鸟鸣，往往会带着春意闯进我们的感觉。后面两句写梦醒后的思想。因为并非至"晓"而醒，而是被"啼鸟"闹醒，朦胧之中，很自然地回想到"夜来"。啼鸟的叫声将春意带进了诗人的心中，于是伤春的感觉便油然而生。小小一首诗写得回环往复，不仅是鸟语花香，春意盎然，写出了春天的美好，更显示出对美好春光的关切之情。伤春的感觉很多人有，也有很多人写，这首诗的好处就是自然、平实而又含蓄，情绪略带伤感而又不颓丧。这种情绪之所以能成功地传达给读者，让人产生共鸣，关键就在于作者写出了独特的

---

① 此词入选河北大学出版社、北京师范大学出版社和语文出版社初中语文教科书
② 此诗为全日制义务教育语文课程标准附录建议的背诵篇目

想法。一夜风雨,落花飘零,这固然是景,但从诗人的心头疑问写去,效果就完全不一样了。

自然中的情感

人对自然景观有与生俱来的感受,而文学作品往往是对这种感受的恰当甚至精彩的表达。在这一点上,古今中外皆然。英国诗人雪莱《西风颂》中的名句:If winter comes can spring be far behind? 就是因为揭示了自然现象中所蕴涵着的生活哲理而脍炙人口,流传古今。因此领会作者寄予自然环境中的思想感情,是鉴赏这一类作品的要点。

中国古诗中最早的写景句"昔我往矣,杨柳依依。今我来思,雨雪霏霏",通过景物的变化传达了景随境迁的意思,把主人公对好年华流逝在战场之上的痛惜之情表达得委婉而又形象。可以说,这个最早的写景句,就开始了情景交融的传统。除了人对自然物的直感以外,我国传统文化中的天人感应思想,也是文学作品中情景交融的理性支点。在此基础上,或景中有情,或即景抒情,或寓情于景(移情),甚至可以以情造景。

理解景中有情的诗作,关键要注意隐藏在景中的"人"。"孤帆远影碧空尽,惟见长江天际流""山回路转不见君,雪上空留马行处",两句中的"见"字皆有人在,有人就有情。再进一步,即使没有这样的字,仍能发现景中之人。如温庭筠的[梦江南],"斜晖脉脉水悠悠"一句,单独来看当然是写景,但和前面的"过尽千帆皆不是"一联系,明白了,这也是人"看"出来的。在江水中寄托着无限的情思。

在即景抒情或借景抒情的写法中,抒情主人公是主动的,而景物基本上是被动的,感情的流动单向地由抒情主人公一方流向被抒情的对象。寓情于景则描写感情的双向流动。事实上，景物不会表达感情，因此，这种感情的双向流动其实还是抒情主人公把自己的感情投射到了景物上，所以又叫"移情"。

在李白的《独坐敬亭山》①里，敬亭山这一静止的景物，竟然也对诗人发生了兴趣，成了可以彼此交流的对象。这自然是作者情绪的投射。面对同样的东西，不同的观赏者会产生不同的感情，移情的结果也各不相同。杜甫《春望》②中的"感时花溅泪，恨别鸟惊心"，可以理解为花溅上了"我"的泪，也可以理解为"花儿飞溅泪水"。后面一种解释即为移情。不管作何解，花儿在作者心中引起痛苦的感觉是一致的。但在早上欢天喜地上学去的孩子眼里，花儿所引起的感觉就完全不同了，有一首儿童歌曲是用"太阳当空照，花儿对我笑"来表现孩子对花儿的感觉的。

同样的例子还可以举枫叶。《西厢记》"长亭送别"③的时候，崔莺莺说："晓来谁染霜林醉？总是离人泪。"她看到红色的枫叶，首先觉得它醉了，再进一步，喝什么让它醉了呢？一定是离别人的眼泪！于是枫叶也成了伤心的景物。可是杜牧的感觉却完全不同，他的《山行》④却感觉霜叶比春天的花朵还要美丽，以至于停车驻步，一直欣赏到天黑。

移情的诗特别要注意的，是诗人感情的投射。比如李

---

① 此诗入选北京师范大学出版社初中语文教科书八年级下
② 此诗入选湖北教育出版社、河北大学出版社、人民教育出版社、江苏教育出版社和语文出版社初中语文教科书
③ 此文入选沪试验版、试用版、鲁人版、苏教版、粤教版高中语文教科书
④ 此诗为全日制义务教育语文课程标准附录1～6年级建议背诵篇目第41首

白的[菩萨蛮]:"平林漠漠烟如织,寒山一带伤心碧","伤心"就是感情的投射;再比如李璟的[浣溪沙]:"菡萏香销翠叶残,西风愁起绿波间","愁"就是感情的投射。

如果说,把感情投射在景物上已经是创造的话,情景交融中想象力更为丰富的就是以情造景。作者可以在作品中把实际上并不存在的景物或景象描写出来。汉乐府《上邪》就是这样一首诗,它的妙处是在后面例举了5种她相信决不可能发生的情况:山峰夷为平地,江河干涸,冬天打雷,夏天下雪,天和地合在一处,将此作为"乃敢与君绝"的先决条件,借以表示自己的海枯石烂不变心。这5种情况是自然界不可能发生的,是作者以情造景造出来的。有的景象生活中可能有,但在作者身上没有发生过,也可以以情造景。如辛弃疾的[破阵子](醉里挑灯看剑)①,除了开头和结尾的两句话外,所有的壮美之景全都是虚构的。理解以情造景的关键,是要懂得造景就是造情,在上面这首词里,景色中寄托着作者建功立业、杀敌报国的雄心壮志,也透露出对现实的深深失望。

社会环境和生活场面

在抒情文学关注情景交融的同时,叙事作品中也出现了对社会生活场景的描写。也就是在描写自然环境的时候把人的活动也点缀其中,使人物也成为环境。《红楼梦》中的贾母就对惜春说过:"单画园子,成了房样子了。"叫连人都画上②。随着社会的发展,城镇生活逐渐取代了自然村

---

① 此词为全日制义务教育语文课程标准附录7~9年级建议背诵篇目第46首

② 曹雪芹.红楼梦 P520 北京.人民文学出版社.1979

落,社会环境的描写才真正多了起来。

茅盾的《子夜》①,花大笔墨写老地主吴老太爷进城时所看到的五光十色的场景,以他的震惊、他的疑惑、他的晕眩,真实而形象地再现了当时封建遗老在新生资产阶级咄咄逼人的气势面前败下阵来的社会环境,为主人公吴荪甫的活动画好了大背景。

鲁迅的短篇小说《风波》,截取了夏日农家在户外吃晚饭的生活场景,既有临河土场、夕阳余辉、乌桕树叶、花脚蚊子、农家炊烟、小桌矮凳等自然景物的描写,又有男人、女人、老人、孩子、文豪等社会环境的描写,生动地表现了当地农村的生活习惯和生活状况,形象地刻划了农村中身份地位不同的各色人等的面貌。以静衬动,为表现张勋复辟事件可怜而又可怕的影响做了极好的铺垫。这个场面描写又与最后首尾呼应,以小见大,反映出中国农村周而复始、一无变化的状况,揭示出大革命没有给广大农村带来变化的社会问题。

(4) 关于特殊手法

文学是一种表达,而且通常是对一般表达形式的背叛,惟其如此,才在"陌生化"原则下具有震撼人心的艺术力量。某高校在自主招生考试的时候,曾出过这样一道题目,请考生找出周杰伦歌词中不符合语法的地方。其实,不论是周杰伦还是其他人,他们所演唱的流行歌曲的歌词中,不符合语法的地方都很多,问题是:歌词一定要遵守语法吗?答案是否定的。我们都熟知杜甫的"香稻啄余鹦鹉粒,碧梧栖

---

① 此书为普通高中语文课程标准附录建议的课外读物

老凤凰枝"(《秋兴八首》),没人会纠结于它语法上逻辑顺序的错误。这就是文学作为艺术的特殊性。

作为语言艺术,文学会在遣词造句、逻辑修辞等各个地方发挥它的特殊性,使之产生震撼人心的艺术效果。比如,有一个人,吝啬成性,临死之前举着两个手指不肯瞑目,家人东猜西猜,不得要领,却原来他是为着灯盏里点了两根灯草,挑却一根,他立刻安息了——这个几乎家喻户晓的故事,为什么会给人留下如此深刻的印象呢?就是因为吴敬梓使用了夸张讽刺的特殊手法。古语说:"人之将死,其言也善。"人在行将就木的时候,总应该达观一些,若是死不瞑目,那一定是遗恨终身的大事,不料谜底揭晓,严监生惦记的却是一根灯草,在这样一种常理和悖理的对比中,其人的吝啬也就被夸张到了极点。《儒林外史》中诸如此类的夸张讽刺手法比比皆是,这就形成了它独特的艺术风格,使它成为中国古典小说中最出色的作品之一。

曾荣获诺贝尔文学奖的哥伦比亚作者加西亚·马尔克斯,他的长篇小说《百年孤独》,它采用的是"魔幻现实主义"的创作方法,有些写法就很特殊,预言和预示在书中一再出现。比如奥雷良诺上校三岁时看到厨房的汤锅放在桌子上,便惊慌地告诉妈妈:"它快掉下来了。""那汤锅本来好好地放在桌子中间,随着孩子的预言,便仿佛有一种内在的动力驱赶着它开始朝桌子边移动,最后掉在地上打碎了。"再如奥雷良诺自杀时,他的母亲"正奇怪牛奶煮了那么久怎么还没开,她揭开炉上的奶壶一看,里面全是蛆虫,'他们杀死了奥雷良诺!'她惊叫起来。"还有像鬼魂出现,时间轮回,颜色象征等等,正是这些特殊手法构成了这部作品"魔幻现实主义"的特色,使它在拉美乃至世界文坛上取得了巨大的成功。

特殊手法有很多,夸张、讽刺、比喻、象征,还有像意识流手法等等。如果我们对文学创作的特殊手法有充分的认识,也许就可以避免出现上面所说的错误理解《小职员之死》的情况了。

看看作者运用了什么特殊手法,也是体味和欣赏作品的好办法。我们可以学习他人的经验,直接到作品中去体味,也可以间接吸收他人体验后的成果。

(5) 关于对他人研究成果的利用

伍尔夫说:"关于读书,一个人可以对别人提出的唯一指导,就是不必听什么指导,你只要凭自己的天性、凭自己的头脑得出自己的结论就可以了。[①]"这固然是很有道理的。有位语文特级教师也说过,在你还没有把文本研读透时,最好不要去看别人的评论。但对文学作品的研究,尤其是对古典作品的研究,往往是源远流长的,很多优秀作品都在问世之初就得到了充分关注,留下了前人的很多批评。这些批评有些已经成为学术史。我们要学习他人体味、欣赏文学作品的方法,也要利用他人研究文学作品的成果。尤其是已经成为学术史的东西,如果不加了解,是很难进行有效批评的。正如阿德勒所说:"助读,特别是其他相关资料与个人经验,不仅可帮助了解,甚而有时是必须的,不然即无法全部领悟。[②]"

比如《红楼梦》研究,走过了以索隐为主要方法的"旧红学"

---

① 伍尔夫.读书不必听人指导.伍尔夫读书心得[A]P3 上海.文汇出版社.2011.1

② 阿德勒.读书漫谈[M] P89.台湾三山出版社 1978.8

和以考据为主要方法的"新红学"等几个阶段后,取得了不少为广大学术界所认可的经典性成果。我们应该不再去探求《红楼梦》是影射谁谁谁的著作,也应该不再简单认定《红楼梦》就是曹雪芹的自传。《红楼梦》是一部小说,它不仅高度概括和生动反映了封建社会的政治生活、经济生活、文化生活和日常生活,而且表现出作者对人生意义的认真思考——这已是定论。对这些研究成果毫不了解就可能要走弯路。

利用他人的研究成果可以查阅工具书、参考书和其他相关文献。

对经典性评论不能一味仰视

在利用他人的研究成果时,有一些特别为大家所熟知的成果,我们把它叫做经典性评论。经典性评论有因为评论的中肯而成为经典的,也有因为评论者的高地位而形成的。不管是哪种经典性评论,都无须一味仰视。尤其是由于评论者的高地位而成为经典性成果的,它往往有侧重面和出发点,要注意它偏重在何方,出发点在何处,不能把它当作放之四海而皆准的真理。有些政治家,他们对名著的理解是从政治角度出发的,谈的是自己对某部作品的读后感,而不是文学批评。比如"文革"前后出版的《水浒传》,前面都会有毛泽东的语录:"《水浒》这本书,好就好在投降,做反面教材,使人民都知道投降派。""《水浒》只反贪官,不反皇帝。屏晁盖于一百零八人之外。宋江投降,搞修正主义,把晁盖的忠义厅改为聚义堂,让人招安了。宋江同高俅的斗争,是地主阶级内部这一派反对那一派的斗争。宋江投降了,就去打方腊。"这里面固然也有一定的文学批评成分,但更多的是对当时政治斗争的借题发挥。

我们都熟知鲁迅对《水浒》的评论:"一部《水浒》说得很分明:因为不反对天子,所以大军一到,便受招安,替国家打别的强盗——不'替天行道'的强盗去了。终于是奴才。①"以及他对《红楼梦》的某些评论,比如说"贾府上的焦大,也不爱林妹妹的②",还说"看《红楼梦》,觉得贾府上是言论颇不自由的地方。焦大以奴才的身分,仗着酒醉,从主子骂起,直到别的一切奴才,说只有两个石狮子干净。结果怎样呢?结果是主子深恶,奴才痛嫉,给他塞了一嘴马粪。其实是,焦大的骂,并非要打倒贾府,倒是要贾府好,不过说主奴如此,贾府就要弄不下去罢了。然而得到的报酬是马粪。所以这焦大,实在是贾府的屈原,假使他能做文章,我想,恐怕也会有一篇《离骚》之类③"。这是他在杂文中的借题发挥,在很大程度上是不能当作文学研究来看的。在把《水浒传》当小说来研究的时候,他就用文学社会学的方法对其中招安的情节作了客观的分析:"其中招安之说,乃是宋末到元初的思想,因为当时社会扰乱,官兵压制平民,民之和平者忍受之,不和平者便分离而为盗。盗一面与官兵抗,一面则掳掠人民,民间自然亦时受其骚扰;但一到外寇进来,官兵又不能抵抗的时候,人民因为仇视外族,便想用较胜于官兵的盗来抵抗他,所以盗又为当时所称道了。④"利用经典性的成果,要充分注意到这种区别。这里倒是用得上叔本

---

① 鲁迅.流氓的变迁.三闲集[A]北京.人民文学出版社.2006
② 鲁迅."硬译"与"文学的阶级性".鲁迅杂文选(上)[A] P138 上海人民出版社 1973.5
③ 鲁迅.言论自由的界限.伪自由书[A] P99 北京.人民文学出版社 1973
④ 鲁迅.中国小说的历史的变迁.中国小说史略[M]P292 北京.人民文学出版社 1973.8

华的话:"读书时,作者在代我们思想,我们不过在追循着他的思绪,好像一个习字的学生在依着先生的笔迹描划。我们自己的思维在读书时大部分停止了,因此会有轻松的感觉。但就在读书的时候,我们的头脑实际上成了他人思绪驰骋的运动场了。所以读书甚多,或几乎整天在读书的人,虽然可以借此宽松脑筋,却渐渐失去自行思想的能力,就像时常骑马的人渐渐失去步行的能力一样。[①]"我们要警惕的,就是千万不要失去步行的能力。

第三节 教科研习用文体的写作

传说李白少时,梦见所用之笔头上生花,后来天才赡逸,名闻天下[②]。语文教师也应该有一支生花妙笔,也就是说,必须有较强的书面语言的表达能力,这一点应该没什么争议。但写些什么,还可以讨论。

会写教案一类的文字够了吗?

有些老师只习惯于写教案一类的文字,包括说课稿、教学心得等,从表面上看,应付日常工作也算是可以了。但从语文教师的素养来说,光写这一类的文字是不够的。教师作为专业工作者,有自己专业工作的品质。具有科研意识、科研知识和科研能力,是所有专业人员的共同特征。因此,提高教师职业的专业化水平,必须强调对科研能力水平的要求。从这个意义上讲,教育科研是教师作为专业人

---

① 转引自郝明义.越读者[M] P209 台湾.英属盖曼群岛商网路与书股份有限公司台湾分公司 2007.5

② 五代·王仁裕等.开元天宝遗事十种[M]上海古籍出版社.1985.1

员的一种专门的工作方式,它创造着教师专业生活的质量,这是教师在专业工作中自主性和自主能力的最高表现形式。不进行教学研究,不写作教学研究方面的文章,显然是不称职的。

必须要写"下水作文"吗?

"下水作文"的说法由来已久。早在1961年,叶圣陶先生就在《文汇报》撰文谈"教师下水"问题。叶老是赞成"教师下水"的,认为教师动笔的好处是可以"更有效地帮助学生,加快学生的进步[①]"。我们还可以再加上些:一来可以切身体验题目出得如何;二来可以和学生有个交流,给他们平等的感觉;三来也有个示范作用。但这些益处也隐藏着一些问题。首先,题目是你出的,或者是你给的,体验与否,意义不大。作为一个负责任的命题教师,对题目的思考一定是在"下水"之前,而不是之后。第二,"平等"和"示范"有自相矛盾的地方。尽管我们在课堂上经常看到教师"下水"的成果还不如学生,但由于敝帚自珍,教师很难认识到自己的不足。而学生则往往容易在教师的成果面前自惭形秽。第三,作文这种特殊文体的用途是学习语言,就像课后的练习题一样,教师得退回学生学习语言的水平,"扮嫩"一下,才能写出真正的作文,这对教师来说,有相当的难度,搞不好就弄巧成拙。因此,"下水作文"可以一试,但没必要看作是教师落笔的必须。

在叶老的文章中,有一点特别值得注意:他所谈的教师动笔的主要好处,是有利于作文批改,而原因是教师有了

---

① 赵志伟.旧文重读[A]P257 上海.华东师范大学出版社.2007.9

自己切身的写作经验,即所谓"深知作文的甘苦";而这个"作文"并非特指课堂作文,而是指教师"动笔","或者作跟学生相同的题目,或者另外写些什么"。叶老所谓"下水作文"的"作文",是广义的,指的是写作,而不是专指课堂作文的"作文";我们甚至可以把它理解为一个动宾词组而不是名词。上海的语文特级教师金志浩曾出版过一本《金志浩"下水作文"集》①,他所使用的,也是我们所说的概念。文集中收入的,都是金老师平时在报章杂志上发表的文章,而不是模拟学生作文。所以,更准确地说,叶老所提倡的其实是"教师下水"。笔者也很赞成"教师下水",但更希望的是教师去"另外写些什么",而不一定要写"下水作文",尤其是不要只写狭义的"下水作文"——模仿学生作文的文章。

要进行文学创作吗?

有人认为,语文教师整天和文学作品打交道,自己也应该能创作,才能更加深切地体会文学作品的佳妙处。毫无疑问,如果语文教师同时也是诗人,或小说家、散文家、杂文家,自然是好事。能间或写些诗歌、小说、散文、随笔之类的文字也很好。但没有文学创作的经验,不等于就不能鉴赏文学作品。"文学创作的经验对于一个文学研究者来说固然是有用的,但他的职责毕竟与作者完全不同②"。教师更重要的是作为一个文学鉴赏者,而不是创作者。因为职责不同,鉴赏者可以不进行创作。鲁迅有个自称为"粗浅"的比喻:"譬如厨子做菜,有人品评他坏,他固不应该将厨刀铁

---

① 金志浩下水作文集[A]北京.新世界出版社 2007.1
② [美]勒内·韦勒克、奥斯汀·沃伦.文学理论[M] P3 南京.江苏教育出版社 2005.8

釜交给批评者,说道你试来做一碗好的看……①",创作好比厨师烧菜,批评的人好比美食家,批评家不会创作,就和美食家不会烹调一样,是很正常的事。这个比喻很形象,也很准确(尽管鲁迅说这话仅仅是铺垫)。所以,文学创作对于语文教师是锦上添花的事,而不是必须的要求。

作为专业工作者,有一些教科研习用的文体却是语文教师必须会写的。下面试举数例:

一、开题报告

开题报告也叫课题申请书,一般会有以下几项内容:

(一)课题设计论证

包括本课题的研究思路和重要观点、国内外同类课题研究情况、本课题的理论意义和实践意义、相关成果、主要参考文献等几项。

"研究思路和重要观点"指开展课题研究的时候将从什么角度、用什么研究方法或研究步骤、达到什么目的等。这是一种研究假设,是在对研究问题作了一定思考后的产物。在实施过程中,这一假设不一定为"真",可能需要修正。比如上文曾提到某老师研究关于学生个性和课外读物选择之间的关系,开题时是确认其为有关系的,但后来调查的结果显示,能明确表现出关联的比例非常低,于是就不得不对自己的观点进行修正。但在研究开始前,我们是假设其为"真"来考虑的。

这部分内容是开题报告中相当重要的部分,也往往是

---

① 鲁迅.对于批评家的希望.热风[A]P92 北京.人民文学出版社 1973.5

比较薄弱的部分。经常会出现语焉不详或不得要领的情况。如某教师的开题报告,在"研究步骤"处这样写:

1. 准备:学习前先了解本册学习目标(教材首页说明),单元之间联系,本单元要点。教师将常用鉴赏方法及角度阐释并张贴。

2. 阅读程序:学生对课文进行通读一遍……第二遍后……查好生字词,其中资料自行借助各种媒体。

3. 讨论:把学生分成8个小组……

这样的写法有明显的教案的痕迹,所展示的不是研究步骤,而是教学过程。这里的内容,显然是在调查研究、确立假设基础上的课堂实施,作为研究步骤,它应该在调查研究、确立假设之后,在得出相关结论之前。

"国内外同类课题研究情况"是课题能不能成立的重要前提。

我们做研究的目的,归根到底,是为了推动教育教学的进步,而且一定是从某个角度出发的。如果在这个范畴内别人的研究已经达到了这个目的,那么,重复研究无疑是时间和精力的浪费。2001年中国教育学会中青年教育理论工作者专业委员会第11届年会指出:"中小学教师教科研应该以实际工作中的问题为先导,讲究方法,关注历史成果,关注同行前沿,减少不必要的重复与无谓的徒劳。[①]"可惜时至今日,这样的状况并未完全改变。不少研究报告在背景介绍时总是以语文教育少、慢、差、费开头,对别人的研

[①] 2001年中国教育学会中青年教育理论工作者专业委员会第11届年会综述.教育理论与实践.2001年第12期

究成果缺少关注。确认别人的成果才能找到自己研究的起点。比如,某个问题还没有人研究,或者有人研究了但还不够深入,或者深入了但缺少操作性……在了解国内外同类课题研究情况的基础上,提出的有意义的课题,才有其存在价值。

比如,现代教育技术进入语文教学研究的视野是随着计算机和网络技术的普及而开始的。刚开始的时候,人们关注的仅仅是所谓"多媒体",其实就是在课堂上运用一些电子演示文稿(powerpoint)等。当时的研究以"介入"为主题。只要有人能在语文课堂上应用电子演示文稿一类的东西,就是值得探讨的新的尝试。后来,网络开始进入课堂,这方面的尝试也是令人惊喜的。一段时间里,PPT风靡教室,甚至有行政领导规定,必须在上课时使用电子演示文稿,在评优等活动中,电子演示文稿的使用也成为必要条件。很快,弊端显现出来了。语文学习是由两个通道组成的:一条通道是"进"的,也就是要学会通过语言文字来领会他人的所见、所闻、所思、所想、所感;另一条通道是"出"的,也就是要学会用语言文字让他人了解我们的所见、所闻、所思、所想、所感。多媒体的出现,在一定程度上堵塞了"进"的通道。比如,在朱自清眼里,月夜的荷塘是什么样子的,我们必须通过《荷塘月色》这篇文章的文字来领略,如果用PPT放一张照片,形象是形象了,感觉也有了,但那不是语言文字给的,是图像给的。就如同我们只会要求学生把他所见到的荷塘月色"写"出来,而不会要求他给你一张照片一样。因此这个阶段的研究,以"反思"为主题。反思不等于止步不前,现代教育技术进入课堂(包括语文课堂)是必然的趋势,也是必须正视的事实。于是,研究进入了以"整合"为主题的第三阶段。如果不关心别人的研究成果,只顾埋头做自己的,就毫无意义了。

"本课题的理论意义和实践意义"是对研究成果的假设性评价。它必须被放置在学术研究的发展坐标上,指出它在理论上有何建树,在实践上有何价值。这种意义可以是从无到有的,也可以是由浅入深的。

"相关成果"也是课题能否成立的重要依据。有些教师申请课题时不愿写相关成果,怕别人认为已经做过了何必再做。其实相关成果不是研究的重复,而是研究的基础。相关成果越多,意味着研究的基础越扎实。

"主要参考文献"是对研究者相关文献阅读面的检验,是研究者为本项研究所开列的书单。这一步的工作可以在了解国内外同类课题研究情况的同时完成。研究越是重大,参考文献的量也应该越大。

(二) 完成课题的条件和保证

在这一项中通常会要求回答申请人和主要参加者曾完成哪些重要研究课题、这些研究成果的社会评价、完成本课题的研究能力和时间保证、资料设备、科研手段等问题。

这里强调课题研究是一个渐进过程,尚未完成过重要研究课题的人一般来说不宜选择重大课题。

(三) 预期研究成果

根据研究进程,预期研究成果包括阶段性成果和最终成果。

有一定时间长度的研究,要设想阶段性成果。对于整个课题来说,阶段性成果是化整为零的做法。它的好处有三:一是能及时发布成果,不需要等研究全部完成,逐步地把研究成果公诸于人,能引起外界注意,吸引同行批评,从而使研究更加完善。二是能强化研究节奏,使研究过程不致拖沓单调。三是能给予自己精神鼓励,在整个过程中不断品尝收获的喜悦。研究全部完成之后,再化零为整,形成最终的成果。

成果的形式可以多种多样。举凡调查报告、实验报告、结题报告、论文、专著、声像资料等,都可以是研究成果。

(四)经费预算

经费预算可以开支的名目有资料费(用于购买研究所需的书籍资料等)、国内调研差旅费(用于研究所需的调查等)、小型会议费(用于课题的讨论、论证等)、计算机使用费(用于比较复杂的资料录入等)、印刷补助费、管理费、其他未定费用等。

开题报告是进行课题研究的前期准备,"良好的开端是成功的一半"这句话,用在这里再恰当不过。在认真撰写开题报告的过程中,作者必须已有解决问题的明确设想(也即开题报告要求填写的"重要观点");必须对自己所要研究的问题已有比较深入的思考("理论意义和实际意义");必须已经占有了相当一部分的资料(开题报告有填写"主要参考文献"的要求);必须对研究的全过程了然于胸。尽管研究的过程中完全可能出现这样那样的问题,也允许对开题报告所展示的问题进行修正,但一份优秀的开题报告,对之后的课题研究而言,无疑是意义重大的。

二、实验报告

实验报告是把教育教学实验课题进行总结的文章。所谓实验，就是为了印证某种理论而进行的活动。它要创造所需要的条件，控制研究对象，分析研究在活动中的状态和变化，再从中找出规律，得到结论。

在行动研究法、反思实验法中都可能用到实验，成果也都可以采用实验报告的形式。

实验报告的内容

1. 实验的缘由——为什么做这个实验，面对的是什么实际情况，受了怎样的启示，依据什么理论。

2. 实验的措施和过程——实验是如何操作的，分几个方面实施，分几个阶段开展。实验遇到了什么新情况、新问题，是如何解决的。

3. 实验的结果——实验以后的情况或状态如何。

这里有两个问题必须注意：

一是必须实事求是。事实上，不可能所有实验的结果都和预期的一样，不能一味"歌功颂德"。证明一个问题为"真"，或证明一个问题为"伪"，往往具有同等的价值。

二是报告的事实要尽可能量化，以便实验的结果更加明晰可靠。

上面两部分是报告的主体，应该是最详细的。但实验的结果，和我们所得出的结论往往还隔着一层，还需要进一步归纳论证，所以一般还应该在报告的末后写上第四部分：

4. 实验的结论——根据实验的情况提出自己的看法。

三、调查报告

调查报告是把调查情况、研究问题取得的材料提炼出规律性的认识后所写的文章。

它与实验报告的区别在于：前者主要提供客观性材料，后者关注的是客观情况在加入主观性因素干扰之后的变化。

调查报告的内容

1. **调查的目的**——为了了解什么情况、解决什么问题。
2. **调查的问题**——设计问题的思路。
3. **调查的对象**——以哪些群体或个人作为调查对象，调查框架有多大，用什么方法抽样。
4. **调查的方法**——问卷、访谈、测试或其他。
5. **调查的情况**——要全面、准确，尽可能量化，不含糊其词。
6. **调查的结论**——根据调查情况提出自己的想法。

调查报告是建筑在调查所获取的第一手资料基础上的，必须将原始资料保存好，必要时可以将其整理成一个附件。

调查在很多情况下是研究的前提，但如果调查得来的材料详实，数据可靠，能说明之前尚未发现的问题，则调查报告本身也是很有价值的科研成果。

四、专题论文

专题论文是语文教科研最常用的一种文体，用于发表见解，阐述自己的观点。

（一）论文提纲的撰写

论文一般采用三级提纲，即由章、节、点组成。章节及章节标题后均不加标点，章节与章节标题间空格即可。

提纲也可以由序号组成。序号的层级排列为：

一、

（一）

1.

(1)

注意：

汉字数字的后面用标点符号（顿号）；阿拉伯数字后面用实心点；已经有括号的，不再出现其他标点。小标题的末尾在一般情况下也不用标点符号。

绪论和结语一般不包括在章节之内。

（二）专题论文的组成

论文一般由下列 6 个部分组成：

1. 标题

标题是对文章内容的提示或是对观点的概括。

提示性的标题告诉读者文章讨论的是什么问题。

例：新课程背景下初中古诗词教学现状及其策略

这是比较典型的提示性标题，它告诉读者，文章要讨论初中古诗词教学的问题，但没有涉及具体观点。

概括性标题告诉读者作者的主要观点是什么。

例：营造高中作文教学的绿色生态

这个标题就不是泛泛而谈地说要讨论高中作文教学问题，而是明确展示了文章的主要观点，即要营造作文教学的绿色生态。

提示性标题和概括性标题都可以用,但都要符合有关论文标题的基本要求。

标题的基本要求

(1) 准确

标题要能够准确地概括出文章所讨论的主要问题或提出的主要观点。不能文不对题。

　　例1:在中学语文教学中运用多媒体手段的几点思考

　　例2:在中学语文教学中运用现代教育技术的几点思考

上面两个标题,看似差不多,其实却有区别。"多媒体手段"和"现代教育技术"是两个不同的概念。后者所涵盖的内容要比前者多。如果以"多媒体手段"为题,写的却是"现代教育技术"的内容,这是"小题大做";反过来,则是"大题小做"。不论"小题大做"还是"大题小做",都是文不对题的表现。

(2) 简明

标题要简洁明了地表述文章所讨论的主要问题或提出的主要观点。避免冗长、罗嗦。一般多用名词性词组做标题,慎用句子。

　　例1:初中作文教学中要重视学生良好写作心理的培养

　　例2:初中作文教学中良好写作心理的培养

例1的标题用了一个较长的句子,如果把它改成词组(例2),去掉一些可有可无的字,不仅不影响表达,而且更加简洁,也更加符合论文标题的表达习惯。

(3) 醒目

标题要鲜明突出地展示文章所讨论的主要问题或提出的主要观点。能抓住读者的眼球,能给读者留下深刻印象。

根据需要可以设副标题。

副标题是对标题的补充和限制。一般由主标题展示文章所提出的主要观点,副标题补充文章所讨论的主要问题。

  例1:浅谈语文课堂教学鼓励性评价——激励、唤醒与鼓舞

  例2:激励、唤醒与鼓舞——浅谈语文课堂教学鼓励性评价

例1在正副标题的安排上不符合论文标题的表达习惯,应该将正副标题互换(例2)。

关于标题的三个要求是递进的:

准确是必须的,关系到标题的正确与否,不准确的标题是错误的标题。

简明是应该的,关系到标题的优质与否;不简明的标题是不好的标题。

醒目是追求的,关系到标题的精彩与否,不醒目的标题是不出彩的标题。

可以说,准确和简明是基础性要求,醒目是高层级要求。也就是说,论文的标题必须要准确,而且要简洁,最好能醒目。

2. 署名

文章署名一般用真实姓名,也可以用笔名。

署名的位置一般在文章的标题下面,偶尔也有在文后署名的。

署名的一般情况:

(1) 仅署名

(2) 工作单位＋署名

(3) 地区＋邮编＋工作单位＋署名

(4) 署名加脚注,写出作者的基本情况。

3. 提要

提要,也叫摘要,概要,内容提要,论文摘要等。

就是用最简洁的语言把文章最主要的内容介绍出来。

篇幅一般在 200—300 字左右。如果文章篇幅特别长,则提要的字数也会适当增加。

写提要要注意的问题：

(1) 提要不是提纲

提纲是文章的骨骼,它搭起"怎么讲"的框架;提要是文章的脏腑,它要说出文章"讲了什么"。不能把提要写成提纲。

(2) 提要不出现人称。

(3) 提要不出现对文章的评价。

(4) 提要不涉及文章内容之外的东西。

例 1：

《高中课程资源开发与利用的几点实践与思考》提要 课程资源开发与利用的认识;<u>以存在的方式为划分标准可分为显性课程资源和隐性课程资源</u>;高中语文课程资源开发和利用的实践与探索;课程资源开发和利用须注意的问题。

这份提要由四句话组成,在这四句话中,只有第二句话(划线句)是把文章的"要"给"提"出来了,其他几句都是提纲式的写法。

例2：

《计算机辅助语文教学的作用和策略》提要

笔者在实践中运用计算机辅助语文教学，注意与二期课改的整合，培养学生的信息素养；激发学生兴趣，发展学生思维，突破重点难点，优化教学过程，对运用的策略作了深刻的思考，注意课件的人文化，培养学生的人文精神，<u>有切身的体会和感受，得到了实惠，也感到欣慰，更希望得到专家的指正</u>。

这份提要不仅没有写清楚用计算机辅助语文教学有什么作用、有哪些策略，而且出现了人称和与论文内容无关的话语（划线处），应予删除。

4. 关键词

关键词的选取原则，一是便于检索；二是对专用词语的强调。

每个作者都有自己使用词汇的习惯，有很多时候，论文中所用的词会超出常用义的范围，这些词汇所具有的独特意义使它们成了所谓的"关键词"。

一般在3—5个左右。

5. 正文

正文是论文的主要部分，一般由引言、主体和结尾三部分组成。

(1) 引言

引言，又叫引子、引论、绪论、序论、序言、前言，就是文章的开头，犹如舞台上的开场白。一般来说，篇幅并不很长的论文，并不需要专门列出"引言"的标题来。只需在论文开头写上一段话即可。

引言(或一段话)的内容往往是提示一下论文所要讨论的问题或开门见山提出论点。对于篇幅不长的论文来说，三言两语引入本题即可。

写引言应注意的问题

① 应该明确论文的阅读者

我们的论文是写给谁看的？这个问题在提笔之前就应该考虑清楚。论文假想的阅读者应该是与作者具有相等学力并且对同样的问题感兴趣的人。这也就是说，论文的阅读者和作者是站在同一水平线上的，写论文是同行之间的探讨，所以既不能用对学生上课的口吻，也不能以向领导汇报的态度来写文章。有的撰写者把阅读者置于低水平的位置上，循循善诱地从头讲起，这是完全不必要的。假想阅读者不明确或不准确的问题在整个论文写作中都存在，但引言部分往往表现得格外突出。

如果觉得没有必要，不写引言亦可。

② 应该准确展示研究现状

为了突出自己的研究成果，有些作者会在引言中采用"先抑后扬"法。不少语文教科研的论文都喜欢用否定语文教学来作为阐发自己观点的基础。

例：

《初中语文读写结合系列训练实验》

传统的中学语文教学已经举步维艰，有限的课本内容，单调的教学模式，僵硬的教学考察、考试办法，使得学生无法欣赏文学作品的整体美和内在美，不能形成良好的文学积淀和积累，更谈不上对文学的欣赏和感悟。

这样的开头在教科研论文中并不少见,这种"天不生仲尼,万古如长夜"的写法,是对别人的研究成果的忽视。除了上面讲到的"欲扬先抑"的故意外,很可能还是作者未能了解国内外同类课题的研究情况的结果。好的引言一定是建筑在了解同类课题研究情况的基础上的,几句话就能揭示出正在研究的问题的现状,并以之为基础引出自己的研究。

(2) 主体

主体是论文的核心部分。在这一部分中,要把作者所想要表达的意思说清楚。

主体可以是一个整体,也可以再分成若干部分。

若干部分可以是从不同的角度来证明总论点,也可以在总论点之下再设立分论点。

(3) 结尾

结尾是文章的结束,犹如舞台上的尾声,也应该言简意赅。

一般来说,结尾要对文章所研究的问题、所得出的结论做一个总括。但结尾不同于结论,文章的结论应该在主体部分就已经提出并阐述清楚了。结尾可以再强调一下结论,也可以稍加点拨,使文章显得更意味深长。比如欧阳修《五代史·伶官传序》,文末一句"岂独伶官也哉",起到了深化主题的作用。研究性文章也可以有这样的结尾。

6. 注释

注释又叫注解,或注脚,是论文学术规范中很重要的一项要求。

(1) 论文中必须加注的情况

一般出现以下两种情况,论文必须要加上注释:

一是需要特别说明又不便在文中表达的内容,二是引用别人文章的地方。

后者已经成为学术规范上的一个大问题。引用了他人的话,一定要有注释,说明是何人、在何处说的。这既是保证学术研究的严肃性,也是对他人知识产权的尊重。如果不是原文抄录,应有"见"或"参见"字样。

有些情况——比如调查研究的对象和使用的方法——需要说明,但直接写在文中可能导致文章散乱或文气不贯通,我们也可以用作注解的办法来解决。

(2) 注释的形式

经常使用的注释形式有三种:

脚注

出现在页面底端,根据每一页上出现的注释做记号或编号。

尾注

出现在文章末尾,根据整篇论文出现的注释编号。

文中注

在文章中需要加注释的文句后加括号说明注释的内容。

一般篇幅不太长的文章或注释不太多的书可以用尾注。篇幅较长、注释较多的文章或书一般用脚注,这样查检起来比较方便。脚注可以连续编号,也可以每页分开编号。文中注一般只用于非常简单的注脚,否则会破坏文章的整体性。

注释的写法和参考文献相同。

有些书或文章会把参考文献和注释合在一起,参考文献的编号和注释的编号相对应。这种做法看似简便,但不易列上没有在文中出现原文的参考书目。

7. 参考文献

篇幅较长、分量较重的论文应该列上参考文献的书目，一则可以让论文读者参阅相关书籍，二则也是表示对知识产权的尊重。

参考文献的著录

参考文献的著录应遵照《中国学术期刊检索与评价数据规范》的规定，采用顺序编码制，以阿拉伯数字连续编码，序号置于方括号内。

一般通用的著录符号顺序依次为：序号、作者、文章（书）名、文献类型、出版地、出版者、出版年月（注释中被引用的文章或书如果篇幅较大，最好写上章节或页码，便于查阅）。中间用实心点分开。

例：[1]皮连生.学与教的心理学[M]上海.华东师范大学出版社1997.5

文献类型如：

专著[M]　Monograph

论文[C]　Collected papers

报纸文章[N]　newspaer article

期刊文章[J]　Journal

学位文章[D]　degree papers

研究报告[R]　report

论文集中的文献[A]　Article

标准[S]　Standardization

字典[Z]

外文文献一般写在中文文献之后。电子文献要写明网络地址和日期。

以上所举，是教科研比较常用的几种文体的基本写法。本来，文无定法，不一定要强求统一，但教育教学研究是科学研究的一种，科学就不得不讲求规范。就如同没有统一的量具就无法进行化学实验一样，教科研文章也得要有"规"和"矩"。在能够熟练使用"规"和"矩"之后，哪怕不用"规"画圆，而用它画弧、画浪线，就都无所谓了。这里，倒可以用得上《红楼梦》中香菱学诗时林黛玉对她说的话："词句究竟还是末事，第一立意要紧。若意趣真了，连词句不用修饰，自是好的，这叫做'不以词害意'。"[①]相对于形式而言，内容当然是更重要的。尤其是，语文属于社会科学范畴，它和自然科学是有所不同的。

---

① 曹雪芹.红楼梦 P597 北京.人民文学出版社.1997

结　语

语文素养和语文教师的素养是两个相互关联又有区别的范畴。现代社会的公民都应该具备一定的语文素养，但不一定具备语文教师的素养。而语文教师，不仅要具备语文素养，还要具备语文教师的素养。前者是后者的基础，没有良好的语文素养，就谈不上有好的语文教师的素养。但反过来，有相当好的语文素养的人，却不一定有好的语文教师的素养。因为教师作为一个专业工作者的专业性知识与技能，不包括在语文素养内，却包括在语文教师的素养内。

语文素养和语文教师的素养又是两个非常复杂的范畴，很难将其内涵和外延完全涵盖并条分缕析地阐述清楚。我们在这里讨论的，只是其中的一部分内容。可以这样说，语文素养和语文教师的素养中必须有这些内容，但这些内容却未必就是语文素养和语文教师的素养的全部。

在讨论语文素养和语文教师的素养时，有许多问题的呈现是开放式的，也就是说本书并没有、也不打算给出一个肯定或否定的结论。这不仅是因为很多问题本来就难以用"是"或者"否"来表述，更是因为笔者非常希望摆脱那种非是即否的思维方式。就人的思想、言谈、行为而言，在很多情况下是可以多元并存的。如果本书所提出的问题能展示这种情况并引起别人进一步的思考,那就已经达到目的了。

当然,问题呈现只是内容的一个部分,有关语文素养和语文教师的素养,我们还是有自己的思考,并在书中作了观点鲜明的阐述。有些内容显然是"冒风险"的。比如,关于软笔书写艺术化的建议,关于文学与道德、文学与意识形态的关系等。但因为这些观点往往最能表现笔者对相关问题的思考,所以不揣鄙陋、不怕"拍砖"地呈现于此,以期方家指点。

在讨论这两个问题的时候还有一个感觉,就是内容的芜杂。有些问题涉及到文艺学,比如文学感觉等;有些问题又和作品研究有关,比如我们所例举的一些文学作品;还有些问题显然是属于课程论的,比如教育评价等。台湾著名出版人郝明义说:"这是一个越界的时代。人类和动物的器官在越界,太空探索和旅行在越界,所有梦想在越界。而越界的起因,正在于知识与阅读的越界。""这是一个没有越界阅读,就不成阅读的时代[①]"。借用他的观点,我们可以说,这是一个没有越界研究,就不成研究的时代,学科教育的特点尤其在于越界。上述任何一项专门的研究对我们都有帮助,但又都不是我们的全部。或许,这也就是需要有人在这个方面专门作一点努力的原因之一吧。

有一点可以肯定:语文素养和语文教师的素养是值得我们去研究的,也是值得我们去追求的。如果我们在这方面能有清晰的认识和不懈的努力,相信会对语文教育产生积极的影响。

[①] 郝明义.越读者[M]P24 台湾.英属盖曼群岛商网路与书股份有限公司台湾分公司.2007.5

参考书目

[1] 叶圣陶教育文集[M]北京. 人民教育出版社. 1994
[2] 张志公. 传统语文教育教材论[M]上海教育出版社. 1992
[3] 王力论语文教育[M]河南教育出版社. 1996
[4] 于漪语文教育艺术研究[M]山东教育出版社 1999.3
[5] 顾黄初、顾振彪. 语文课程与语文教材[M]北京. 社会科学文献出版社. 2001
[6] 泰勒著、施良方译. 课程与教学的基本原理[M]北京. 人民教育出版社. 1994
[7] 瞿葆奎主编. 教育评价[M]北京. 人民教育出版社. 1988
[8] 高德胜. 道德教育的时代遭遇[M]北京. 教育科学出版社 2008.6
[9] 陆志平. 语文课程新探[M]长春. 东北师范大学出版社. 2002.6
[10] 陆志平. 母语特点与母语教育[M]南京. 译林出版社. 2010.11
[11] 柳士镇、洪宗礼. 中外母语教材比较丛书[M]江苏教育出版社. 2000.9
[12] 美. 霍华德·加德纳. 多元智能[M]北京. 新华出版社. 1999.4
[13] 顾彬. 中国文人的自然观[M]上海人民出版社. 1990.1

[14] 郑桂华、王荣生主编.语文教育研究大系·中学教育卷[M]上海教育出版社.2007.3

[15] 郑桂华、王荣生主编.语文教育研究大系·中学教学卷[M]上海教育出版社.2007.3

[16] 李海林主编.语文教育大系·理论卷[M]上海教育出版社.2005.12

[17] 欧阳芬.新课程下教师教育科研能力培养与提升[M]北京.新华出版社.2005.4

[18] 皮连生.学与教的心理学[M]上海.华东师范大学出版社.1997.5

[19] 赵志伟.旧文重读[M]上海.华东师范大学.2007.9

[20] 王少非.新课程背景下的教师专业发展[M]上海.华东师范大学出版社.2005.5

[21] 陈黎明.高师语文教学论[M]青岛海洋大学出版社.1999.6

[22] 崔干行.教育的理想与现实[M]广州.暨南大学出版社.2005.2

[23] 冯健雄.读书方法纵横谈[M]甘肃少年儿童出版社.1991.5

[24] 梁宜生.阅读欣赏与写作[M]台湾学生书局.1988.9

[25] 陈哲.科学的读书方法[M]台湾汉威出版社.1986.3

[26] 多湖辉.读书记忆术[M]台湾大坤书局.1986.7

[27] 美国课程与教学案例透视[M]上海.华东师范大学出版社.2002.9

[28] 约翰·D.布兰思福特等.人是如何学习的[M]上海.华东师范大学出版社.2002.9

[29] 兰德等.学习环境的理论基础[M]上海.华东师范大学出

版社.2002.9

[30] 语文课程标准研制组.普通高中语文课程标准解读[M]湖北教育出版社.2004.4

[31] 李真微.中学文科教师科研论文导写[M]湖南师范大学出版社.2000.7

[32] 李雁冰.课程评价论.[M]上海教育出版社.2002.6

[33] 蒋成瑀等.教学研究论文写作指导[M]浙江教育出版社.2000.11

[34] 张维仪等.教师教育——改革与发展热点问题透视[M]南京师范大学出版社.2000.10

[35] 谢象贤.语文教育学[M]浙江教育出版社.1993.6

[36] 王力、朱光潜.怎样写学术论文[M].北京大学出版社.1981

[37] 张盛彬.文科论文写作[M].北京大学出版社.1981

[38] 商友敬.坚守讲台[M]上海.华东师范大学出版社.2006.2

[39] 郝明义.越读者[M]台湾.英属盖曼群岛商网路与书股份有限公司台湾分公司.2007.5

[40] 弗兰克·M.弗拉纳根.最伟大的教育家[M]上海.华东师范大学出版社.2009.5

图书在版编目(CIP)数据

语文素养和语文教师的素养/王意如著.—上海：文汇出版社,2011.8
ISBN 978-7-5496-0227-8

Ⅰ.①语… Ⅱ.①王… Ⅲ.①语文课－教学研究－中小学 Ⅳ.①G633.302

中国版本图书馆 CIP 数据核字(2011)第 107253 号

语文素养和语文教师的素养

作　　者／王意如

责任编辑／陈今夫
封面装帧／方济力

出版发行／文汇出版社
　　　　　上海市威海路 755 号
　　　　　（邮政编码 200041）
经　　销／全国新华书店
照　　排／南京展望文化发展有限公司
印刷装订／常熟市大宏印刷有限公司
版　　次／2011 年 8 月第 1 版
印　　次／2011 年 8 月第 1 次印刷
开　　本／890×1240　1/32
字　　数／150 千
印　　张／7.75

ISBN 978-7-5496-0227-8
定　　价／28.00 元